How to Make Unearned Income

ゼロからはじめる 不労所得のつくり方

岡本 康
ブルー・ソリューションズ
株式会社代表取締役

働かずに楽しく生きるための
マインド、メソッド、スキル

standards

はじめに

会社員をやめてしばらくたったある日、妻から言われました。

「あなた、近所の人から無職のあやしい人だって噂になってるよ。昼間からぶらぶらしてるからよ」

あぁ、思い当たる節がありました。確かに、会社員をやめてから昼間は家にいることが多く、普段の生活はといえば、スポーツジム、犬の散歩、料理(趣味)が毎日のサイクルだったような。家の一部を事務所にしているため、雑多な来客も多い。「謎の無職の人」と思われても致し方ないかもしれません。自宅は田舎の住宅街にあるので、近所からの噂も立ちやすいのかも。

近くの住民は昔、会社員だったお年寄りが多いため、「家にいる＝無職」という方程式(?)で成り立っているのです(たぶん)。お年寄りたちには「どこにも出勤せず、不労所得生活を送っている人がいる」などという発想は、よもや頭の片隅にもないのでしょう。

旅行にもよく行くのですが、近所のご年配のご婦人からは「スーツケース持ってどこへ旅行に行ってたのかしら〜」などと興味深そうに、しかも奇異な目で探りを入れられる日常ではあります。

こんなのんびりした生活を送っているわたしですが、収入は会社員時代に比べると十分多くなっています。**その秘密は、働かなくても収入が得られるシステムを自分でつくったからです。**「自分でつくった」と言ってもオリジナルでありません。世にある成功事例を研究して、トレースしただけのことです。もはや、会社組織の煩わしい仕事や、人間関係に悩まされることはありません。

たいして働かなくても十分なお金（収入）がある生活、会社員をいつでもやめたいときにやめるという選択肢に興味はありますか？　**自由に時間を使える、いつでも行きたいところに行ける、それを可能にするのが不労所得です。**

不労所得は労働をしないで入ってくるお金。あなたが、旅行に行っていても、病気で入院していても、会社で働いていようがいまいが関係なく入ってくるお金があったらいいなぁ、と思いませんか？

本書は、お金の初心者向けに具体的に働かなくても収入（不労所得）が得られるノウハウを伝授することが目的です。

無理なく不労所得が得られるように、「心構え（マインド）」、「技術（スキル）」を、あなたにお伝えします。マインドは、お金を得るための心構え。スキルは、お金を激増させる技術。この他に自分のスタート地点とゴール地点を明確にする「自分マッピング」があります。

あなたがゴールまで脱落することなく到達できるように解説していきます。ゴールとは、働かなくても自動的に収入が得られるようになった時点のことです。そこまで来たらあとは、自由に人生を謳歌するだけです。

わたしは平凡で特に際だった才能もない、ただの会社員でした。偏差値50そこそこの大学を卒業したのですが、社会人1年生時点で３００万円の借金を抱えていました。会社員生活も紆余曲折あり、転職は複数回。出世とは縁のない、順調とはいえない会社員生活だったので、自ずと勤め先以外に自分自身で稼ぎをつくらなければと考えるようになっていきました。

幸いにして2021年3月に、FIREすることができました。FIREとは、「Financial Independence, Retire Early」の頭文字を取ったもので、経済的自立を伴う早期リタイヤのことです。前作の拙著『FIREできる不動産投資3つのルール』で詳細は述べていますが、現在は、弱小ながらも収益不動産や、分析した情報を提供するビジネスもやっています。ささやかではありますが、時間と場所に縛られない生活を送っています。その過程では、特に歯を食いしばった努力をしたという実感はありません。収益不動産のオーナーではありますが、とりたてて不動産投資が好きだったわけでもありません。**ただ、自分が望むゴール地点まで最速で無駄なくたどり着くにはどうすればいいか、戦略を立てて実行しただけなのです**。その手段が収益不動産のオーナーになることでした。

投資や副業で生活の資金を得るのは、自分が望む人生の手段でしかありません。あなたが望む人生をつくるために必要な手段、手法、戦略を駆使して不労所得をつくろうではありませんか。

なぜ、最近こうも、投資や副業について騒がれるようになったのでしょうか？

それは90年代から今まで日本人の給与水準が上がっていないことにあります。よって、最近では一部の会社で「副業してもいいですよ」と認める動きも多くなってきています。副業OKとは、すなわち「会社は面倒見ません」宣言です。会社は、「社員の一生の生活を支えることはやめましたよ」と言っているのです。

国にしても、もはや退職したお年寄りたちを支えることが難しくなってきています。高齢者の増加と少子化による人口減少によって、社会保障費の増大と税収入の減少が出てきています。そういう事情があるため、政府はNISAとiDeCoを推進しているのです。それは、「国にすべて頼らず個人で頑張って生きてね、国はもうそんなに面倒みられませんよ」という、国からのメッセージなのです。

会社はただのツールです。

そのツールとしての会社は、かつてやりがいだとか、社会貢献だとかという、ぼんやりとした価値観をすり込んできました。80年代後半に、「24時間戦えますか!?」という栄養ドリンクのCMがあったように、仕事が人生のすべてだというような風潮があったのです。まさにバブル絶頂期のことです。会社員は、会社のためにどのような犠牲を払ってでも働くのが美徳だと。そのかわり、会社は社員の生活を企業年金などで一生支えていくのだと。しかし、そんな考えは、バブルの崩壊とともに消えていきました。

たしかに、あらゆる仕事において、やりがいや社会貢献の面はあります。仕事を通じての人間的な成長や楽しみもあるでしょう。だからといって、会社だけに生活の糧を頼るのにはリスクがあります。いや、リスクしかありません。

現在、会社にとって社員は、存続のための駒やツールとなってしまいました。これからはＡＩがさらに進化し、人間でなければできない仕事が減っていくことも考えなければなりません。熟練的な技能もＡＩ技術の発達によって、人からマシンへ置き換わっていくだろうと、多くの学者は指摘しています。

明日は、いつもどおりの生活、1年後もいつもどおりの生活があります。しかし、3年後はどうですか？　10年後はどうでしょうか？

個人としても会社をツールとして捉えて、生活を安定的に豊かにしていく必要があるのです。あなた自身を主体に考えて、会社は糧を得るツールだと捉えるならば、世の中の景色は変わって見えてくるはずです。

お金はあなたの人生を豊かにしてくれる手段として、ツールと言えます。ただし、ツールとしての会社などと徹底的に違う点は、代替するものがないということです。会社は転職することで変えられますし、リタイアすることで手放すこともできます。しかし、お金は紙幣であれ電子マネーであれ、その機能に変わるものが世の中にはありません。**手放すことができないのです**。あなたの人生の主人公である、あなた自身が変えられないのと同じです。

わたしは、収益不動産を持つことによって不労所得を手に入れたわけですが、不動産投資が好きだったわけではありません。最適な不労所得を得る方法が、自分にとって不動産投資であったというだけのこと。

お金は多ければ多いほどいいとは思いますが、欲望は際限がないものです。「足るを知る」とは古代中国の老子の言葉ですが、その言葉の続きは、「足るを知る者は富む」となります。現状を変えて収入が増えたとしても満足することがなければ、真に豊かになったとは言えません。それはつまり、気持ちのありようなのです。お金は人生を豊かにするツールにすぎないのですから、お金が多ければ幸せも比例して多くなるわけではありません。

本書は、お金を増やしましょうと提案している内容なので矛盾しているようですが、お金を増やしていくことだけに囚われると、本末転倒になってしまいます。お金はあくまでも豊かな人生を送るためのツールとして考えていただきたいのです。**そして、お金はけっして手放すことができないツールなのですから、お金についてよく知ることが大切です。**

これからの日本は、しばらくパソコンや周辺機器はおろか、スマホさえも操作できない多くの高齢者を抱えた環境が続くと予想しています。情報化や電子マネーなどが広がるにつれて、社会適応できないお年寄りを多数抱える日本社会になっています。デジタル化に取り残された多くの高齢者たちは、効率的な情報化社会を阻害する要因となりつつあります。

先日、法務局に会社の謄本を取りに行ったときのこと。どこかの会社重役とおぼしき70代の男性が証明書発行請求機の前で四苦八苦していました。証明書発行請求機とは、窓口にわざわざ行かなくても簡単な操作で書類を請求できる機械のことです。その機械を操作するのに、法務局の担当者がついて、時間をかけて操作をサポートしているのです。つまり、操作をサポートするという人的作業と時間的コストが別途、必要になっているということです。このようなケースが社会全体で一定数で起こっているとなると、その作業の社会的なコストが一定数発生していることになります。そもそも時間的コストも人的負担も軽減されるシステムであるにもかかわらず、逆に負荷が大きくなっていることになります。

これは、ひとつの世の中の見方です。この解釈として、高齢者世代は社会的なお荷物だ、などと言いたいわけではありません。高齢者世代が適応しにくい社会になってきていますが、それゆえに高齢者の困りごとを解決していくビジネスがあるのではと、わたしは考えます。

わたしたちは、社会の傍観者ではありません。プレイヤーなのです。さまざまな困難に満ちた世の中だとマスコミはあおりがちですが、プレイヤーとしての認識で世の中に関わっていくのだという考えのほうが、満足度の高い人生が送れるのではないかとも思っています。

2025年4月からは、すべての企業で65歳定年制が義務となります。国全体としては、労働人口をなるべく減らさないで、年金や医療などの社会保障費を抑えていく政策です。しかし、個々の会社で見てみれば人件費の増大を招くとともに、新規採用の抑制につながると思われます。会社組織の年齢別構成比率にひずみを生じさせるし、若い世代のモチベーションの低下も招きそうです。会社が支払う人件費には限度があることから、定年延長によって全体の給与水準が下がることも予想されます。つまり、定年延長によってあなたの給料も減る可能性があるということです。

もうひとつ考えなければならないこととして、健康面の問題があります。高齢者となっても生活のために働かなければならなくなることから、常に健康管理に気をつけなければなりません。体力は年々衰えていくし、健康リスクも高まっていきます。健康を維持するために日頃からスポーツジムにかよい、食事にも気を配らなければいけません。お金のことも健康のことも考えなくてはならないとは、全く気が抜けません。

さて、日本人の平均的な健康寿命をご存じでしょうか？　健康寿命とは、健康上の問題によって日常生活が制限されることなく生活できる期間のことです。2022年時点で男性が

70・4年、女性が73・6年となっています。ちなみに平均寿命（2022）は男性81・5年、女性87・6年です。仮に、65歳まで働いたとして健康で制限なく行動できる期間は、男性だとせいぜい5年しかありません。経済的な理由で70歳まで働くと、ほぼ健康寿命は残されていないのです。このまま何も対策しないままリタイアすると、すぐに健康上の問題を抱えることになります。さあこれから自由な人生を楽しもうと思っても、自由に旅行に行ったり、好きな食事を楽しめなくなってしまう可能性が高いのです。

そろそろ、わたしたちは違う価値観で、人生をつくり直さなくてはいけない時代に入っているのかもしれません。

上からの物言いのようで恐縮ですが、わたしは、あなたに自由な人生を手に入れていただきたいと願っています。経済的な制約があって人生での選択肢を制限しているのであれば、経済的な力をつけて制約をなくしていけばいいのです。

今よりも経済的に豊かになることで、人生の選択肢を多く持てるようになります。たとえば、車を持つ／持たない、車の購入予算が多く取れるために選択できる車種が多くなるとか。旅行の行き先や宿泊するホテルのグレードを自由に選べる、どのような場所に住むのかなどといったことも、使えるお金の量と選択肢の多さは比例します。

また、先ほど健康寿命の話をしましたが、健康を維持したり体力を向上させたりするのもお金があるとやりやすいのです。歯を定期的にメンテナンスする、スポーツジムでパーソナルトレーニングをする、エステに通う、糖質を取り過ぎない食事にするなど、お金があれば健康レベルを上げられるのです。

あなたが、時間や場所の自由、健康（家族の健康）などを手に入れられるように、真に願っています。

岡本康

ゼロからはじめる不労所得のつくり方――もくじ

第1章 給料以外の金をつくる方法

第2章 自分マッピングをしよう

第3章 不労所得をつくるマインドセット

第4章 不労所得をつくるスキル

第5章 確実に不労所得を手に入れるアプローチ

第6章 会社員でもはじめられる！不動産投資で不労所得を手に入れる方法

第 1 章

給料以外の金をつくる方法

1 まずは自分自身に投資をしよう

1-1 自分への投資は3つ＝「健康、個人、経済」

自分にもっとお金があったら、自分がもっとルックスがよかったら、自分がもっとプロポーションがよかったら、自分にもっと知識があったら、自分にもっと時間があったら、どんなにいい人生になるでしょう。

これらは望んでも手に入らないものなのでしょうか。

実は、これらは、あなたが望めばすべて手に入れられるものなのです。しかも、すべて同時にです。

あなたの労働時間を増やすことなく、お金は増やせます。ルックスにおいてもお金をかければ、美容整形、衣服などでどうにでもなります。体型もジムで専門家の指導に従ってトレーニングすればあなたが望む体型を手に入れられるのです。あなたが望む多くのものは、努力ややり方、お金などの自己投資によって手に入れられます。

主な自己投資のカテゴリーは3つです。

◎健康への投資……健康維持、体力向上、歯や目、体へのメンテナンス
◎個人への投資……美容、教養・知識、人脈
◎経済への投資……お金や時間を増やすための投資

自分への投資は、最強の投資と言ってもいいでしょう。自分自身を豊かにするために、長期的な視点で自己投資をしていくことが必要となります。自己投資はデイトレードではありません。長い時間が必要になります。種をまき、収穫できるまで地道にやるしかありません。

特に健康への投資は最も優先すべき投資と言えるでしょう。どんなに経済的に豊かで自由な時間があったとしても、健康上の問題を抱えていれば、いちじるしく行動を制限されてしまいます。最優先での投資は、あなたの健康です。

個人への投資は、あなたのモチベーションを向上させる投資です。ルックスをよくするための美容、仕事のスキルや効率化のための教養や知識の習得、あなたの人生に運をもたらす人たちとの会食や懇親会など。しかし、よく吟味して厳選してお金を使わないと際限がなくなるので、注意が必要です。

経済への投資は、自由に使えるお金や時間を生み出すための投資です。お金への投資は、株式や債券、投資信託や収益不動産などがあります。時間を増やすと言うことは、仕事を効率化する、待ち時間をなくす、お金を払って時間を短縮するといったことなどがあります。特に、「時間はコスト」という意識を持つことは重要です。

投資の神様、ウォーレン・バフェットは自己投資について、かつて次のように言いました。

「自分自身に投資することが、自分にできる最善のことだ」

1－2 本は最も安価な自己投資

本は最も安価で効率的な自己投資です。本の利点としては、文字メディアであるため圧倒的に情報を取り入れるスピードが速いというところがあります。ＹｏｕＴｕｂｅ動画でスキルや知識、ノウハウを学ぶ場合もありますが、どうしても動画は時間がかかるという点では本に及びません。逆に料理などのスキルを学ぶ場合は、文字よりも動画に軍配があがります。

本のもうひとつの利点として、動画に比べて情報が体系化されていることが挙げられます。ＹｏｕＴｕｂｅ動画などは断片的なものが多いため、全体を俯瞰した情報が取りにくいのです。

また大きな書店に行けば、あなたが必要としているスキルや知識に関する本が多数置かれています。その周辺には関連する書籍もあるはずです。大きな書店では、それらを短時間で複数見つけることが可能です。

小説などの本は、主人公を通じて物語を疑似体験できる点にもメリットがあります。映画などでも疑似体験できるとはいえ、本は文章であるために作者の細かな描写を取り込みやすく、深いレベルで疑似体験できるのです。

読書は思考の幅と深みをつくります。また思考に柔軟性と論理性も与えます。**本は、もっと
も安価で効率的な自己投資なのです。**

1-3 自己投資にお金を使うのは必須

自己投資にある程度のお金を使うことは、絶対に必要なことです。なぜならば、自己投資がなければ、自己の成長によるリターンがまったく得られないからです。

だからといって闇雲に高額な情報商材を買ったり、適当にセミナーに行くのはおすすめできません。お金と時間の無駄になる場合も多いでしょう。情報商材などは、口コミに乗せられて素晴らしい情報だと思いがちですが、コスパの悪い情報が多いのも現状ではあります。それならば、いくつかの関連書籍からまとまりのある情報を入手したほうが、コスパはいいです。**まずは情報商材ではなく、本です。**

セミナーに関しては、主催者をよくチェックしましょう。株式や不動産の投資関係セミナー

では、主催者が証券会社や不動産会社であることが多いです。そういったセミナーの最終的な目的は、出席者に何かを買ってもらうことになります。セミナーの内容も、販売者側の都合のいいデータを切り取ったＰＲセミナーとなることもあるので、主催者がどのような立場の人なのかを必ずチェックしてください。

自己投資で効果的な行動は、成功している人から影響を受けた本や所属している勉強会を直接教えてもらうことです。どこにそのような人がいるかと言えば、セミナーや勉強会の出席者の中にいます。それも初心者向けではなく、中上級者向けの勉強会やセミナーで見つけられます。懇親会がセットになったセミナーもあるので、そこで仲良くなるのです。投資家のセミナー後の懇親会ではストレートに投資の規模などを教えてくれるので、いろいろ聞いても大丈夫。成功している人は、成功体験をだれかに聞いてもらいたいものです。どんどん武勇伝を聞いて、仲良くなりましょう。

2 お金の基本を知ろう

2-1 投資による資産運用

投資に関する基本的な知識を簡単にまとめておきます。本書では、金融資産運用を解説するものではありませんので、詳細は別の専門書に譲ります。

《株式》

株式とは、株式会社が資金調達のために発行する有価証券のことです。株式会社はその有価証券を持つ株主に対し、さまざまな還元をします。株主は、会社の利益から配当を受け取る権利や、株主総会で議決権を行使する権利などを持ちます。

通常の単元株は、100株単位です。単元株は、株取引の売買単位です。株取引は、100株の整数倍の100株、200株、300株などで行われます。安いときに買い、高いときに売れば、差益（キャピタルゲイン）が取れます。そのため、一般的に収益性は高い反面、リスクも高い投資になるのです。

株式市場全体の動向を表す代表的な指標は、「日経平均株価（日経225）」、「東証株価指数（TOPIX）」、「東証プライム市場指数」があります。

《投資信託》

資産運用の専門家が、投資家に代わってまとめて運用する、という金融商品が投資信託です。少額から購入できたり、簡単に分散投資ができることなどが特徴です。

運用会社は、株式や債券、不動産などに分散投資をして、投資で得た利益を投資家に還元します。少額から投資できる反面、元本の保証はありません。

投資信託には販売窓口の証券会社や銀行、投資をコントロールする運用会社など、多数の金融機関が運営に関わっています。そのため投資信託はさまざまな手数料がかかるので、注意が必要です。手数料は、購入時、保有時の信託報酬、中途換金時にもがかかります。一般的にネット証券などは手数料が安いため、経済指標に連動したインデックスファンドに投資するのに窓口として使うのがよいでしょう。インデックスファンドは、手数料が安い、値動きがわかりやすい、投資知識がなくてもはじめられるなどといったメリットがあります。

《債権》

債券は、国が発行する国債、地方公共団体が発行する地方債、企業が発行する社債、または外国の政府などが発行する外債などがあります。債券は、資金調達するのを目的として発行するものです。つまり債券は借用証書と考えられます。

債券を発行する主体は、国内外の政府から民間企業まで幅広くあります。債権の発行日から満期までの期間(償還期限)も短期から長期にわたるものまでさまざまです。一部の債券を除いて、償還期限まで定期的に利息が受け取れます。また満期時には額面金額が戻ってくるので、計画的な投資ができます。

債券は元本が保証されていません。満期まで保有すれば額面金額は戻りますが、値下がりしているときに途中売却をすると、売却損が発生します。価格変動リスクや信用リスクなどもあります。

《ＦＸ》

ＦＸとは英語のForeign Exchange（外国為替の意）を略したものです。つまり、外国のお金と交換することになります。通貨自体を売買することによって、差益を狙う投資がＦＸです。最大25倍のレバレッジ（自分のお金をそれほど使わずに投資すること。詳細は後述）がかけられます。レバレッジがかけられるという効率の良さは、もくろみと逆にレートが動いてしまうと、リスクが非常に高いものとなります。少額で手軽に始められますが、貴重な資産を一瞬のうちに失う危険性もあるため、特に投資初心者は慎重を期したほうが無難です。

《不動産》

不動産への投資は、住宅や店舗などを購入し、他者へ貸出して家賃として収益を得る投資です。また不動産を購入した金額以上で売却すれば、キャピタルゲイン(保有している資産を売却することによって得られる売買差益)を得ることも期待できます。収益性のある不動産として銀行から融資も受けられるため、あまり自己資金を投資することなく、不動産を所有することもできます。よって高いレバレッジで投資できるので、投資効率は高いのです。

また、会社員であっても銀行からの融資も受けられるので、収益性の高い物件をいくつか購入すれば、給料以上の収益を上げることが可能です。

わたしは、不動産投資によって、会社員からFIREできました。だれでも成功事例を踏襲しやすい投資だと言えます。

2-2 経済指標

金融商品に投資をする上で、経済指標のチェックは重要です。

経済指標が発表されると、株式市場や為替市場が敏感に反応します。経済と金融市場は、密接な関連があるため、経済指標を通じて常に投資環境を把握しておきましょう。

《GDP（国内総生産）》

国の経済力の大きさを表す代表的な経済指標です。「一定期間内に国内の経済活動によって生み出された、財・サービスといった付加価値の合計」となります。「付加価値」とは、経済活動によって生み出された新しい価値のことです。一般的に、ＧＤＰの伸び率が経済成長率となります。

２０２２年のＧＤＰランキングは、「1位：アメリカ合衆国、2位：中国、3位：日本、4位：ドイツ」となっています。2位の中国と3位の日本との差は4倍ほどあるので、1位と2位が飛び抜けて大きくなっています。

《景気動向指数》

景気動向指数は、景気に対して敏感に反応する生産や雇用に関連する指標をまとめたものです。つまり、経済の動向を表した指標になります。

景気動向指数には、次のような指標があります。

◎「先行指数」＝景気に先行して動く指数
……最終需要財在庫率指数、新規求人数、東証株価指数、新設住宅着工床面積など
◎「一致指数」＝景気と一致して動く指数
……生産指数（鉱工業）、有効求人倍率、営業利益（全産業）、耐久消費財出荷指数など
◎「遅行指数」＝景気に遅れて動く指数
……完全失業率、消費者物価指数、法人税収入、家計消費支出など

《日銀短観》

日本銀行が年4回、全国の大手企業や中小企業の経営者に対して行う調査のことです。主要企業を対象とする主要企業短期経済観測と、中小企業を含む全国企業の動向を把握するための全国企業短期経済観測の2つからなっています。最も注目されている項目が、「業況判断DI」です。業況判断DIは、「良い」「さほど良くない」「悪い」の3つの選択肢のうち、「良い」と答えた企業割合から「悪い」と答えた企業割合を引いたもの（％ポイント）で示されま

す。

《マネーストック》

マネーストックとは、国や金融機関以外の経済主体が保有している通貨の総量のことです。具体的には企業、個人、地方公共団体などの通貨保有主体が保有する流通通貨量の残高を集計したものです。

《物価指数》

モノやサービスの価格の動向を表す物価指数です。基準時（比較の基準となる時点）を１００とした指数によって表したもの。代表的な指数として、家計が購入する財やサービスの価格変動を総合的にとらえる「消費者物価指数」、企業が取引する財の価格変動をとらえる「企業物価指数」があります。

2-3 リスクとリターン

一般的にリスクとリターンは表裏一体の関係です。リスクが大きいものほどリターンが大きく、リスクが小さいものほどリターンは小さくなる傾向があります。

もうひとつ考えなければならないことは、リスクとリターンとの間に生じるタイムラグです。先行して投資をし、後に損益が確定する流れになります。リスクを先に取り、後からリターンを得るという順なのです。このため、投資に充てたお金を回収する期間、回収した後に利益を得る期間を十分に把握することが重要です。

具体的な例として、株式投資と定期預金を比較してみましょう。

株式投資の場合、株価の変動や企業の業績によって、投資額が減少するリスクがあります。その反面、株価が上昇したり、配当が支払われたりすることで、大きなリターンが期待できます。しかし、株価がいつ上昇するかは予測が難しく、リスクを取ってもリターンがすぐに得られるわけではありません。一方、定期預金は、銀行にお金を預けることで一定期間後に利息が付与される仕組みです。定期預金の利息は低いものの、元本が保証されるためリスクが非常に小さいとされています。リターンも小さいですが、利息が付与されるタイミングが明確であり、計画的に資産を運用できます。

投資においては、リスクを先に取り、後からリターンを得る順序で進むことを理解し、投資に充てたお金を回収する期間や、利益を得る期間を把握することが重要です。例えば、不動産投資の場合、物件を購入した後に家賃収入が得られるまでには時間がかかるし、物件の価値が上がるまでにも一定の期間が必要です。そのため、投資家は十分なリサーチや計画を立てて、リスクとリターンのバランスを考慮して投資を行うべきです。

3 お金のルールを身につけよう

3-1 資産と負債

資産と負債の違いを理解することは、何よりも大切です。『金持ち父さん貧乏父さん』（筑摩書房）の著者のロバート・キヨサキは、「資産とは、あなたのポケットにお金を入れてくれるもの」であり、「負債とは、あなたのポケットからお金を奪っていくもの」だと定義しています。

何があなたにお金をもたらし、何があなたからお金を奪っていくのかを理解することが必要です。

あなたが資産だと思って買った新築の戸建て住宅は、ロバート・キヨサキの定義によれば負債です。**あなたが住む家は負債なのです**。その代わりに、中古の戸建てを買って他人に貸して家賃収入を得たら、それは立派な資産となります。ロバート・キヨサキは、資産を買って、負債を持たないようにしようと説いています。それがお金を増やすためのルールなのです。

また、あなたが５００万円を持っていて、それを自動車の購入資金として使ったら、資金はなくなるどころか、保険料やガソリン代、高速代、駐車場代、メンテナンス費用、車検費用などがかかり、あなたの家計の収支バランスを損なうかもしれません。しかし、５００万円を使って投資をして、１０００万円、２０００万円と増やしてから自動車を購入したほうがよい、ということもあるのです。

３－２ お金を増やすルール

「お金を増やす」のは先、「お金を使う」のは後です。

給料が増えたとか、ボーナスが入ったなどと喜んで、旅行に行ったりバッグを買ったりしていませんか。そうしたい気持ちも重々わかりますし、わたしも以前はそうでした。しかし、

２０１０年に妻とコツコツ貯めた貯金で不動産という資産を買ってから（もちろん銀行で融資は受けました）、人生のラットレースから抜け出すことに成功したのです。最初は可能な限り自由なお金を資産の購入に充て、資産からの利益も次の資産の購入に充てる。こうすることで投資効率がよくなり、人生のラットレースから早く抜け出せるようになるのです。

ラットレースとは、毎日同じ仕事をして、給料をもらって、お金を使うことを繰り返す無限のループのことを指します。このループから抜け出すことができない人々は、ドラムをカラカラと回すラット（ネズミ）のように、同じ場所をぐるぐる回るだけでなかなか前に進めないという状況に陥ります。

お金を増やすための基本的な考え方は、「先に投資、後に消費」ということを心に留めておくことです。この考え方を実践することで、資産を増やし、長期的な経済的安定を実現できます。

では、この考え方を具体的にどのように実践すればよいのでしょうか。

まず、収入が増えた際には、真っ先に貯金や投資に回すことを意識しましょう。消費に走る前に、一定の割合を貯金や投資に充てることが大切です。例えば、給料が増えた場合、増えた分の50を貯金・投資に回すと決めておくと、消費を抑えることができます。

お金を使うことは人生を楽しむためにも大切ですが、そのタイミングを選ぶことが重要です。資産が一定のレベルに達した後、利益を使って自分や家族を楽しませることが、人生を豊かにする要素となります。

4

あなたが目指す不労所得はどれ？

4-1 不労所得になる収益

不労所得には、次のようなものからの収益があります。

◎特許や著作権からの収益
◎株式や投資信託による分配金
◎預貯金の利子
◎ウェブサイト（ブログ、YouTubeなど）から得られる収益

◎不動産の家賃収入　……etc.

あなたが目指す不労所得はどれでしょうか。収益の安定性や大きさ、不労所得となるまでにあなたが行う作業の多さなども考えなくてはなりません。

不労所得の選択肢として、「特許や著作権からの収益」、「株式や投資信託による分配金」、「預貯金の利子」、「ウェブサイト（ブログ、ＹｏｕＴｕｂｅなど）から得られる収益」、「不動産の家賃収入」などがあります。それぞれの可能性や報酬、投入する時間や手間を考慮して、あなたに最適な選択肢を見つけてみましょう。

まず、「特許や著作権からの収益」は、独自の発明や作品を創る才能がある場合に魅力的ですが、時間と労力がかかり、収益も一定ではないことがあります。

次に、「株式や投資信託による分配金」は、資産運用の知識と経験が必要で、市場の変動によるリスクもあるため、収益の安定性は保証されません。また、「預貯金の利子」は、現在の低金利状況ではあまり収益が期待できません。

「ウェブサイト（ブログ、ＹｏｕＴｕｂｅなど）から得られる収益」は、独自のコンテンツを作成し続ける必要があり、時間と労力がかかります。収益も不安定なことが多いため、あなたにとって最適とは言い難いでしょう。

最後に、「不動産の家賃収入」です。これは比較的安定した収益が期待できる選択肢といえます。不動産の需要が一定の水準を維持しているため、適切な物件を選べば家賃収入は継続的に得られます。さらに、他の選択肢に比べて手間が少なく、物件管理会社に任せることで手間を軽減できます。

これらの点を考慮すると、あなたにとって十分な不労所得を得られる選択肢として、「不動産の家賃収入」が最も適していると言えます。安定性があり、手間も比較的少ない家賃収入は、あなたが目指す不労所得に最適です。

5 投資と副業

5-1 投資とも副業といえるお金のつくり方

投資と副業は、お金を増やすという点では同じと思われるかもしれません。しかし、副業は自分の時間を使ってお金を得るという点で、投資とは大きな違いがあります。

自分が使える時間には限りがあるため、副業から得られるお金も限りがあります。例えば、副業でWebデザインをする場合、夜遅くに帰宅してから仕事に取りかかるため、夜中までPCで作業をすることになりそうです。

副業を頑張りすぎると、本業の活動に支障をきたしかねないし、健康を害するおそれもあります。なかには、副業が本業になることもあるかと思いますが、それにしても労働すること に変わりはありません。その点、投資は資産を所有すればいいので、お金を増やすのに上限は ありません。労働せずにお金をつくる最善策は、投資による不労所得の獲得です。

とはいえ、投資とも副業ともいえるお金のつくり方があります。それが、不動産投資です。

賃貸物件を所有して家賃などを得る投資ですが、賃貸業を行うという点で副業と言えます。金融機関によっては、会社員で融資を受ける際に、「副業を認める」という会社の承諾が必要と言われることもあります。銀行は、不動産投資にお金を貸すのではなく、あくまでも賃貸業として物件の購入資金などにお金を貸すのです。

短い期間であれば、副業で投資のお金を蓄えることはいいことだと思います。人生のラットレースを抜け出すのには、資産からお金をつくることが必要です。

6 人生を変える不労所得のつくり方

6-1 1000万円の不労所得をつくり出す戦略

給料とは別に不労所得が年間に1000万円あったとしたら、あなたの人生は変わりますか？　年間の給料が1000万円以下であれば、多くの人は人生を変えられると解答するでしょう。

株式や投資信託などの金融商品で1000万円の配当を受け取るには、利回りが4％だと、2億5000万円の資金が必要になります。

「2億5000万円⁉　そんなの無理！」と、多くの会社員はそこで思考停止して、あきらめると思います。

では、ビジネスオーナーになって稼ぐ方法はどうでしょうか。副業の規模を大きくして、人を雇って組織をつくり、自分はビジネスオーナーとして利益を享受する。なかには、成功する場合もあると思いますが、日本のベンチャー企業は10年で9割が廃業するといわれています。1000万円の不労所得を得ようとするには、確率が低すぎます。

一方、年間で100万円の不労所得をつくるのは比較的簡単です。

以下に具体的な例を、ダメなものといいもの、並べて挙げていきましょう。

《方法1……2600万円貯めて、米国の経済指標に連動したインデックスファンドに投資をする》

米国の1980年以降の実質経済成長率は、3・8％です。20年以上の長期的な投資をすれば、平均して100万円近くの配当を受け取れます。

「いや、ちょっと待って、2600万円貯めるのは無理でしょ！」という声が聞こえてきそうです。そもそも老後2000万円問題で大騒ぎになった日本です。2600万円以上を貯めることも、それを投資に突っ込むのも厳しいと思われます。

《方法2……700万円の戸建て住宅を購入して、家賃8万4000円で貸す》

この方法だと、年間家賃収入は100・8万円になります。700万円ならどうでしょう？　頑張ればなんとかなりそうな金額ではないでしょうか。

方法2を応用して、700万円を使って、100万円の家賃を10倍にできるとしたらどうでしょう？　それは、家賃1000万円の物件を買うということです。家賃1000万円の物件とは、1棟アパートやマンションになります。それをどのようにして700万円で買うかというと、銀行融資を受けて買うのです。利回り10％の1億円の物件で、年間家賃収入は1000万円です。

つまり、1億円の融資を受けて、物件を買えばいいのです。仲介手数料や不動産取得税などでだいたい700万円の資金を使うことになるので、同じ700万円の使い方で、収益が大きく変わります。ただし、家賃1000万円といっても銀行返済や不動産の管理費、諸経費が発生するため、実際の手元に残るお金は200～300万円くらいにはなります。利回りの低い物件を買ってしまうとお金が残らないので注意しましょう。

自分のお金をそれほど使わないで投資することを、レバレッジといいます。レバレッジは、梃子の原理のことです。少額で大きなお金を動かす投資のやり方です。

お金がないから無理だとあきらめていた1000万円を超える大きな不労所得は、レバレッジを使って投資をすれば現実のものとなるでしょう。

6-2 マインドセット

なかなか行動ができない。わかっているけど始められない。今のままではいけない。どうしたらいいのかわからないから、とりあえず今日はやめておこう。そういう毎日が続いていませんか？　正直に言うと、わたしにもこのような傾向があります。何か新しいことをしようとすると、面倒くさいと思ってしまうのです。

お金をつくる上で、心理的な影響が大きいことは疑う余地がありません。**行動を支えるのは、マインドセットです**。**モチベーション、信念、価値観、考え方、判断基準などの意識が行動を**

支配するのです。

お金に対する価値観や信念、お金を増やすことのモチベーション、選択の判断基準などは、あなたの行動の推進力になっていますか？　もし、お金を増やすモチベーションが低かったり、お金を増やすことへの罪悪感があったり、「お金は額に汗して稼がなければいけない」という考えを持っていたら、要注意です。人はネガティブな意識がある場合、積極的に行動できないからです。

本書をお読みのあなたは、お金に対するネガティブな意識はないと思いますが、たとえお金が必要でも、面倒くさがりな性格から、なかなか行動できないでいるのかもしれません。そこからどうしても新しい行動に結びつかない、という悩みもあるかもしれません。

多くの人は意欲があっても行動に移せないものです。**その理由は、「現状維持バイアス」が働くためです**。現状維持バイアスとは、知らないことや経験したことがないことを受け入れたくないという、退行的な心理傾向のことです。人は現状維持に居心地の良さや気持ちよさを感じる傾向があるのです。新たなことにチャレンジしていくというのは、非常にエネルギーを使います。現状維持バイアスが前向きな行動への意欲を妨げるため、それを乗り越えるのに多くのエネルギーが必要になるのです。

なかなか行動に移せないようであれば、現状バイアスの沼にはまっているのかもしれません。**現状維持バイアスの沼を打破する方法として、このまま何もせずに過ごす未来と、行動に移して目標を達成したときの未来の差を、具体的に思い描くとよいでしょう**。現状維持した未来と理想とする未来との差を、文字にして書き出すのもおすすめします。

日本は長期にわたって経済成長が止まり、実質賃金が下がっています。定年年齢が引き上げられ、社会保険料は高くなり、年金が減らされているのです。つまり、何もせずに現状維持の日々を送っていると、時間の経過とともにあなたの経済的な状況が悪化するのです。現状維持がもたらす時間の経過があなたをどのような未来に導くか、これを意識してみてください。

6-3 スキル

詳しくは、後述しますが、特に対応速度、対人関係、情報収集・分析、問題解決に関してのスキルアップは重要です。

スキルは、行動の頻度によって磨かれ、向上します。スキルアップによって、より上手により早く結果が得られるようになります。

6-4 成功へのアプローチ「習慣化する」

先ほど、現状維持バイアスによって新しい行動やチャレンジを妨げられるという話をしました。現状維持バイアスを突き破るまでの期間はどのくらいなのでしょうか。ロンドン大学の研究によれば、行動を習慣化するには、18日から254日かかるとの結果が出ています。

スポーツジムに通ったり、新たなコミュニティに参加して多くの人と会ったり、お金の勉強をしたりするなど、自分の望む行動が習慣化するまで、長期的に取り組みましょう。

7 コスト意識を身につけよう

7-1 資産を増やそう

資産とは、お金をポケットに入れてくれるものです。金融資産はもちろんのこと、健康や容姿に関しても資産といえます。

知識や技能はけっしてなくならない資産です。特に学習による知識の習得は、コスパのよい大きな資産になります。

7―2 固定費削減は不労所得

あなたは家計の状態をご存じでしょうか？　お金がいくら入ってきて、いくら使っているか家計の収支は、だいたいこのくらいだとすぐに言えるでしょうか？

家計を把握したら、固定費の削減に取り組みましょう。通信費、水道光熱費、車のローンや駐車場代、保険料の見直しなど、削減できる固定費がないかどうか、チェックするのです。削減できた固定費はその分、立派な不労所得です。

7―3 コスパとタイパ

コスパ（コストパフォーマンス）は費用対効果です。支払った費用（コスト）とそれにより得られた能力・機能（パフォーマンス）を比較したもの。低い費用で高いパフォーマンスが得られれば、コスパが良いことになります。コスパは物の品質、サービスの質、習い事での内容、提供される食事の味や質などで意識されています。

またタイパとは、タイムパフォーマンスの略です。いくらコスパが良くてもだらだらと内容のない無駄な時間が多い飲み会などは、タイパが悪いとなります。

ネット動画もTikTokなどの短いものが好まれる時代になりました。YouTubeもショート動画に力を入れ始めています。最近の若者の行動では、長い映画も倍速で見られることも多いそうです。何かを学習するとか調べたいときに、タイパがよい動画も多くなっています。例えば、ショート動画や本の要約などをしている動画で手軽に結果を手に入れるでしょう。しかし、タイパとコスパに関して言えば、わたしは動画よりも書籍に軍配を上げます。時々で使い分けするとよいでしょう。

第 2 章

自分マッピングをしよう

1 ゴールへ向かうのは現在位置の確認をしてから

1-1 自分を俯瞰して見る

行ったことのない、またはほとんどなじみのない目的地に向かうためには、自分の現在位置がわからないとルートをつくれません。これと同じように、人生の目的地(目標・ゴール)は、あなたが今現在どこにいるのかによって、無理なく最短でたどり着けるルートが違ってきます。

目的地までのルートは、人それぞれです。目指したい人生の目的地も違うし、当然ルートも違います。目的地やルートは違うにせよ、現在地からより早く、より安全に到達できるかどうかは、現在位置の認識と、行き先に向かう移動力や、突発的な課題が出たときの対応力にかかってくるものです。

まずはあなたがどこにいるのか、現在の位置を確認しましょう。まわりの環境やご自身について認識するのが、スタート地点です。

自分マッピングとは、人生を俯瞰して見ることです。あなたの人生の時間、目標、達成したいこと、クリアすべき課題を書き出して意識づけましょう。

あなたの人生のルートには、いくつもの分岐があります。分岐が現れたときにあなたは、選択しなければなりません。「どっちに進もうか……」と悩むこともあります。そのときは、どちらに進めばあなたの目標に近づくのか、あるいはそうでないのかを考えてください。

2 日本の現状の調べ方

2-1 数字から見ていく日本の現状

さまざまな指標の推移や比較で、周りの状況や日本を取り巻く環境が把握できます。GDPという経済指標だけでなく、衛生面、安全面、生活の質、経済や政治の開放性などから導かれた指標も重要になります。

《GDP》

GDPとは、Gross Domestic Productの略で、「国内総生産」のことを指します。1年間など、

2022年GDPランキング

順位	国名	単位(百万US$)
1位	アメリカ合衆国	25,346,805
2位	中国	19,911,593
3位	日本	4,912,147
4位	ドイツ	4,256,540
5位	インド	3,534,743
6位	イギリス	3,376,003
7位	フランス	2,936,702
8位	カナダ	2,221,218
9位	イタリア	2,058,330
10位	ブラジル	1,833,274
11位	ロシア連邦	1,829,050
12位	大韓民国	1,804,680
13位	オーストラリア	1,748,334
14位	イラン	1,739,012
15位	スペイン	1,435,560
16位	メキシコ	1,322,740
17位	インドネシア	1,289,295
18位	サウジアラビア	1,040,166
19位	オランダ	1,013,595
20位	スイス	841,969

※IMF(国際通貨基金)が発表した資料による

2021年の一人当たりの名目GDPランキング

順位	名称	単位: USドル
1位	ルクセンブルク	136,701.40
2位	アイルランド	100,129.45
3位	スイス	92,248.64
4位	ノルウェー	89,041.59
5位	シンガポール	72,794.91
25位	アンドラ	41,873.06
26位	アラブ首長国連邦	41,205.21
27位	日本	39,301.07
28位	イタリア	35,472.80
29位	韓国	35,003.82
30位	マルタ	33,667.3

一定期間内に国内で産出された付加価値の総額で、国の経済活動状況を表した指標です。ひと言で言えば、国の儲けの総額です。

GDPの推移を見れば経済成長などがわかります。推移を把握すれば景気変動を図ることもできるのです。また他国々と比較することによって、世界で日本の占める割合も把握できます。日本のGDP調査は内閣府が担当しています。

なお、2000年の世界の一人当たりの名目GDPランキングで日本は、ルクセンブルクに次ぐ2位でした。この20年間、世界と比較して経済成長がほとんどなかった日本の凋落が浮き彫りになっています。ＧＤＰは、国全体では世界3位ですが、日本人一人当たりのＧＤＰとしては世界と比較するとかなり低い数字です。

この先、人口減少もあり、日本のＧＤＰは間違いなく減少していくことでしょう。

《人口構成比》

２０２２年の日本の人口構成比は、以下のようになります。

◎年少人口（0〜14歳）……13・2％
◎生産年齢人口（15〜24歳）……9・7％
◎生産年齢人口（25〜64歳）……51・3％
◎高齢者人口（65歳以上）……25・8％

この先の日本は、少子高齢化によって労働力人口（15歳〜64歳）が減っていきます。

２０２１年で６８６０万人、２０６５年には現在よりも４割減少すると予測されています。何の施策も行わなければ、3946万人まで減少するのです。
高齢者人口比率は、2065年には38・4％に達して、国民の約2・6人に1人が65歳以上の高齢者となる社会が到来すると推計されています。超高齢化によって、社会保険料の増大などで現役世代に負担が重くのしかかることになりますが、高齢者層をターゲットとしたビジネスも新たに生み出されると予想します。例えば、介護用ロボットや運動機能をサポートする装置、AIを使ったコミュニケーションツール、高齢者が暮らしやすいように設計された特別地区など、新たな施策や産業が出てくることでしょう。

《2020年の合計特殊出生率》
2020年時点での日本の合計特殊出生率は、以下のものになります。

1・34人　（187カ国のうち174位）

15～49歳までの女性の年齢別出生率を合計した値であり、1人の女性が一生の間に産むとされる子供の数です。

出生率の低下は深刻な社会問題です。にも関わらず、今まで有効な施策がなかったことも、さらに深い問題と思われます。

《2022年の世界の安全な国ランキング》

1位　アイスランド
2位　ニュージーランド
3位　カナダ
4位　スウェーデン
5位　日本
6位　オーストラリア
7位　スイス
8位　アイルランド

9位　ドイツ
10位　イギリス

2022年に保険会社のバークシャー・ハサウェイ・トラベル・プロテクションが発表した「世界の安全な国ランキング」です。複数のデータソースと、実際に目的地を訪れた数千人の旅行者からの調査回答と組み合わせて作成されています。データソースには Global Peace Index（世界平和指数）などが含まれています。

《2022年の世界の都市総合力ランキング》

1位　ロンドン
2位　ニューヨーク
3位　東京
4位　パリ

5位　シンガポール
6位　アムステルダム
7位　ソウル
8位　ベルリン
9位　メルボルン
10位　上海

「世界の都市総合力ランキング」(Global Power City Index＝GPCI)は、「国際的な都市間競争において「人や企業を惹きつける“磁力”は、その都市が有する総合的な力によって生み出される」という考えに基づき作成されたもの。GPCIでは、世界の主要都市の「総合力」を経済、研究・開発、文化・交流、居住、環境、交通・アクセスの6分野で複眼的に評価し、順位付けしています。森財団の都市戦略研究所が発表しています。

《2021年の世界最高の国ランキング》

1位　カナダ
2位　日本
3位　ドイツ
4位　スイス
5位　オーストラリア
6位　米国
7位　ニュージーランド
8位　イギリス
9位　スウェーデン
10位　オランダ

米誌メディア「U.S. News & World Report」が毎年発表しています。

２０２１年の調査は、76カ国、１万７千人以上を対象に実施され、「生活の質」「市民の自由度」「文化的影響力」「ビジネスの開放度」など10項目に基づいて評価、ランク付けされました。

《2022年の世界幸福度ランキング》

1位　フィンランド
2位　デンマーク
3位　アイスランド
4位　スイス
5位　オランダ
54位　日本

幸福度ランキングとは、国連機関である持続可能開発ソリューションネットワーク(SDSN)が毎年発表している世界ランキングです。自身の幸福度を0~10段階で評価し、「一人当たりの国内総生産(GDP)」「社会的支援の充実(社会保障制度など)」「健康寿命」「人生の選択における自由度」「他者への寛容さ(寄付活動など)」「国への信頼度」も加味されています。

《まとめ》

こうしてさまざまな指標を見てみると、日本は20年近く経済成長をしていないにもかかわらず、まだ総合的な国力は大きいと言えます。世界トップクラスの安全な国で、首都の東京も総合力で3位です。ただし、少子高齢化などの問題も顕在化してきており、将来的には徐々に落ちていくものと予想します。

日本人を個人レベルで見てみると、国として経済的な豊かさや安全性があるにもかかわらず、幸福度が低いのも特徴です。日本人の気質も影響しているものと思われます。

安全性などは日本にとっては大きな資源です。例えば、安全な国ランキングの指標から、「コロナが収束したら、以前より海外からの観光客が来るようになるのではないか」という仮説を立てたとします。結果、観光業や日本自体を紹介するようなビジネスに将来性があるだろう、だからこの分野に投資をしようなどと、指標から具体的な行動につなげることもできます。

このように、自分たちの国が世界でどの位置にいるのかを知っておくことは、自分マッピングとして有効です。

さまざまな角度の指標から、将来を予測して備えておく。わたしたちの取り巻く環境は常に変化していきます。変化への備えは、生き残るための最重要課題なのです。

3 自分がいる位置を確認する

3-1 勤めている会社の現状

あなたは自分が勤めている会社の現状と将来性を把握しているでしょうか？

会社が属する業界の平均年収や労働時間、業界の中で何番目にいるか、業界の平均年収やあなたの年収など、知っておくべきことはたくさんあります。**年収が低く、かつ長時間労働であれば、ただちに転職サイトに登録することをおすすめします**。また、職場の人間関係、福利厚生、やりがい、ハラスメントの有無も重要です。

少しでもあなたが有利な職場環境になるように、異動や転職も視野に入れておくのがいいでしょう。

3―2　あなた自身に最も影響のある要因

あなたのお金の稼ぎや貯蓄に影響する要因として、以下のものが挙げられます。

◎勤めている会社の給料以外の要因（通勤時間、労働時間、休日の日数など）
◎年齢と定年までの年数
◎住居がある地域の人口の多さ、インフラ、交通機関、銀行の数
◎お金の知識や投資の経験
◎家族構成
◎家計の収支バランス

要因としては、いちいち上げていったら、きりがありません。

しかし、もっとも影響ある要因について指摘した、億万長者の起業家がいました。アメリカ人のジム・ローンです。

彼は、**「あなたは、最も一緒に過ごす時間の長い5人の友達の平均になる」**と述べました。

あなたは、仲の良い友人または同僚の年収、価値観、スキル、知識の平均的な人物になるというのです。

仲の良い同僚とばかり飲みに行っていませんか？　もし、そうならあなたの年収は、その同僚たちと大きく変わることはないでしょう。

お金を給料以外で持つためには、人間関係から変えていく必要がありそうです。

3-3　平均的な日本人は貧しくなっていく

明治維新以降の公教育は優秀な労働者を大量生産することでした。富国強兵政策によって、工業化を早急に進めなければならなかったのです。このため、農村部から工場がある都市部へ、大量の人員を送り込む必要がありました。工場は、決められた時間に始まり、決められた作業で稼働していきます。そのため、公教育として読み書きはもちろんのこと、時間を守ることや規律を守ることを徹底的に教育されたのです。つまり、国全体で能力の高い従順な労働者を大量に、公教育を通じてつくったということです。明治から大正にかけての公教育の成功で、日本は高度な工業化社会となり、歴史的な経済発展を遂げた国となりました。

公教育のあり方は、労働者を大量生産するものです。高度経済成長があった１９７０〜１９８０年代までは機能していたと思われます。その頃はまだ社会に年功序列や終身雇用があり、「マイホームを買う」「車を買う」「積立型の貯蓄をする」が、一般的な会社員のライフプランでした、家や車を買えば、大きなローンを抱えることになります。そのため、ローン返済のために一生懸命働かなくてはなりません。会社が強い立場となり、少々無理をしてでも働かざるを得ません。また、家や自動車は産業の裾野が広いため、多くの業界で多くの企業が儲けられるのです。会社員からは税金も取りやすいため、国家が推進した国家プロジェクトなのです。

新築戸建てやマンションが欲しいと思っているのは、国家戦略の影響かもしれません。国が多くの日本人を精神誘導している施策があります。これが「フラット35」などの施策です。「35年間ローンを払い続けてください、それまでしっかり働いてくださ い」という裏のメッセージなのです（ただし、マイホームを持つことがダメだと主張しているのではないことは申し添えておきます）。

多くの国家では、公教育によって優秀な労働者を大量生産しています。起業家、音楽家や芸術家、プロスポーツ選手を育てることには、熱心ではありません。

そのため投資などのお金についての教育に関しても、公教育ではやりません。自分で学ぶしかないのです。それでも最近では、ようやく高校で金融教育がされるようになりました。しかし、公教育での金融教育には限界があります。多くのお金をつくりたいなら、公教育の金融教育ではダメだと考えます。

２０００年以降、日本人の実質賃金は下がる一方です。全国平均年収は、２０００年で４６１万円、２０２１年で４４３万円でした。

ＧＤＰは、２０００年で約５３５兆円、２０２１年で約５４１兆円です。ＧＤＰは２０００年と比べて少し上がっています。

平均年収が下がっているのに、国全体の儲けであるＧＤＰは下がっていません。これは、企業にお金がストックされて、中産階級の日本人の年収が減らされているということです。もはや平均的な日本人は、年収が上がらないどころか下がっていく一方です。

平均的な日本人であっては、豊かな人生を手に入れられないのです。

3-4 自分探しはやめよう

結論から言えば、能力や適性にあった職業に就くための自分探しや適正診断などはやめたほうがいいでしょう。

スタンフォード大学のジョン・D・クランボルツ教授は「計画的偶発性理論」という理論を提唱しています。この理論では、「偶然」をチャンスに変える行動として、次の5つを挙げています。

◎新しく学べるチャンスがないかどうか探求する好奇心をもつ
◎挫折しても努力し続ける持続性をもつ
◎態度や状況の変化に適応する柔軟性をもつ
◎新しいチャンスを実現可能だと思う楽観性をもつ

◎結果が確実でないことにもチャレンジする冒険心をもつ

これらは、運を引き寄せる法則とも言えます。**必要なことは、適正にあった職業や会社を見つけようとするのではなく、偶然をチャンスに変える行動です。**

自分の適性や能力にふさわしい適職を探そうとすると、少しのずれでも違和感を持ちやすくなり、永遠にそれを探し続けるようになります。なぜなら、会社や世の中も常に変化しているし、自分自身も変わっていくからです。そして、自分の適性や能力を正確に測ることは、そもそも不可能です。これからの不確定な世の中で生きていくには、環境の急激な変化に対応できるようにしていかなくてはならないのです。

4 人生は長いか短いか

4－1 健康と不労所得

《日本人の平均寿命（2022年）》

男性　81・47年
女性　87・57年

《日本人の健康寿命（2022年）》

男性　70・42年
女性　73・62年

《平均寿命と健康寿命との差（2022年）》

男性　11・05年
女性　13・95年

さて、以上のデータを基に、あなたの年齢から平均寿命や平均健康寿命をあてはめると、以下の期間はどのくらいでしょうか？

◎定年までの年数
◎平均健康寿命までの年数
◎平均寿命までの年数

健康寿命は「健康上の問題で日常生活が制限されることなく生活できる期間」と定義されています。平均寿命と健康寿命との差は、日常生活に制限のある「健康ではない期間」なのです。

健康維持に取り組むことはもちろんですが、健康を害して働けなくなったとしても十分な不労所得があれば、経済的な問題は回避できます。

将来の健康的な危機にも対応するために、不労所得をつくる早めの行動が必要です。

4-2 1年は早く過ぎ去っていく

あなたは、歳を重ねるごとに次第に1年が早くなっていくように感じませんか？　わたしも子どもの頃の1年は、今に比べるとずいぶんと長く感じていたのを覚えています。

この現象を「ジャネーの法則」といいます。

19世紀のフランスの哲学者、ポール・ジャネが発案し、甥の心理学者、ピエール・ジャネの著書において紹介された法則で、「記憶される年月の長さは年少者にはより長く、年長者にはより短く感じる」という現象を、心理学的に解明したものです。

たとえば、5歳の子どもにとっての1年は、人生5年のうちの1年ですから、5分の1の長さとなります。対して、50歳の人にとっての1年の長さは、50分の1ですから、5歳の子どもの10分の1の長さでしかないのです。

時間はだれもに等しく流れていると思いきや、歳を重ねれば重ねるほど、体感的にはどんどん早くなっていくのです。

今よりも来年のほうが、1年間が早く過ぎることを覚えておいてください。

これからの人生の終点までの時間はまだまだあると思っていても、体感的な時間はそれほど残っていないかもしれません。時間の使い方が重要です。

5

人生をビンに例えると（ある大学教授が言ったこと）

5－1　ある動画での大学教授と学生の会話

ある大学教授が、空のビンにゴルフボールを目一杯入れて言いました。

「これは満杯の状態ですか？」

学生は隙間だらけのビンを見て言いました。

「いいえ」

今度は隙間に小石を目一杯入れて、

「これは満杯の状態ですか？」

学生はまだ微妙に空白の目立つビンを見て言いました。

「いいえ」

今度はその隙間に砂を目一杯入れて、

「これは満杯の状態ですか？」

学生はこれ以上本当に何も入る余地のないビンを見て言いました。

「はい」


教授は、学生たちに静かに語りました。

「このビンは皆さんの人生です。

ゴルフボールは家族や友人や健康など、人生で一番大事なもの。小石は仕事や趣味など、ゴルフボールの次ぐらいに大事なもの。

砂はそれ以外の、重要ではないものです。

今、このビンが完全に満杯になっているのはなぜか？　それはゴルフボールを一番先に入れたからです。

もし砂からビンに入れてしまうと、ゴルフボールや小石が入るスペースはなくなってしまう。

人生も同じです。

重要ではないものに時間を使いすぎると、後から本当に大事なものに人生を使いたくなっても、入らなくなってしまう。

些細でいらないものばかりの世の中だからこそ、人生でいるもの／いらないものを、真面目に優先順位を付けて整理してみて欲しい。

ゴルフボール(人生で一番大事なもの)を最優先するのです」

教授は、ビールをビンの隣に置きました。学生は訊きました。

「それはわかりましたが、ビールはなんのために用意したんですか？」

すると教授は、さらにビンの中にビールを注ぎながら言いました。

「よく聞いてくれた。どれだけ満杯に(忙しく)見えても、友達とビールを飲む素敵な時間はあるってことです」

これは、2022年に話題になった、「人生をビンに例えると」と題された海外の哲学授業の動画でのやりとりです（このタイトルで検索すると動画が見られます。気になった動画なので、紹介させていただきました）。

人生で大切なものの優先順位を間違わないでください。

日常の些細な問題がとりわけ大きな問題としてのしかかってくるとしても、人生の優先順位を考えることのほうが大事です。

6 不労所得形成ライフプラン

6−1 「生涯の人生計画」を作ろう

あなたのこれからのライフプランはどのようなものでしょうか？

ライフプランとは、「生涯の人生計画」です。

どのような人生を送りたいかを、具体的に思い浮かべてください。あなたの人生にどのくらいの収入があれば、あなたが満足する人生になるでしょうか？

あなたの目指したいゴールと現在地、ゴールまでの中間目標を明確にイメージしてください。

一般的なライフプランをつくるのではありません。収入を増やすためのライフプランをつくるのです。

一般的なライフプランは、「家や車を買う」「子供の学費をつくる」「家の修繕費や突発的な事故や病気に備えるために蓄える」というようなものです。そして、年金生活に備える。このようなライフプランをつくってしまうと、消費者として一生が終わってしまいそうです。これは、「消費者ライフプラン」です。

あなたがつくるライフプランは、不労所得をつくるためのものでなくてはなりません。お金を生み出す計画こそ、ライフプランにすべきでしょう。

そのために、必要なことをすべて盛り込みましょう。

◎自己投資（知識、経験、資格、人脈など）
◎いつまでに資産を手に入れるか（何年後にいくら、最終的な資産規模をいつ達成するか）
◎どのような資産（株式配当、不動産からの収入、ビジネスオーナーになるなど）を手に入れるか

あなたがつくるライフプランは、「不労所得形成ライフプラン」です。

資産を手に入れるのが先。資産を手に入れた後に、余裕資金で家を買い、車を買い、旅行するのです。消費するのは後。順番を逆にしてしまうと、不労所得をつくる資産形成が難しくなるのです。

稼ぐ→貯める→資産をつくる（投資をする、資産を買う）→さらに稼ぐ→貯める→さらに資産をつくる→このサイクルを繰り返す→十分ゆとりができたところで、使う

このようなサイクルの後であれば、あなたのライフプランに必要な物をいつでも手に入れられます。年金生活に備える必要もなくなります。なぜなら、資産には定年がありませんし、資産はあなたが生きている限り、お金をつくってくれるからです。

第 3 章

不労所得をつくるマインドセット

1 お金は「お金を好きな人」のところに集まる

1－1 お金を増やしたければ、お金を好きになること

お金は、お金を理解して、お金が好きな人に集まる性質があります。多くの日本人には「お金を稼ぐことは汚い」という根強い価値観があります。**お金を儲けるのを忌避する傾向があるのです**。しかし、日本人の貯蓄額は総額１４００兆円にもなるとも言われています。けっこうお金を貯め込んでいます。お金を稼ぐことは嫌っているのに、貯め込むのは抵抗感がないようです。貯める力は優秀なのに、この30年間の稼ぐ力は強くなかったのが、現代の日本人なのです。稼ぐことの価値観も影響しているのでしょうか。

「家計の金融行動に関する世論調査（２０２１年）」によると、金融資産の平均保有額は単身世帯１０６２万円、２人以上世帯１５６３万円、中央値は単身世帯１００万円、２人以上世帯４５０万円となっています。富裕層の金融資産と、そうでない多くの層の金融資産との差が大きいのがわかります。保有する金融資産差は収入によるのです。収入が上がるに比例して保有する資産も増えていくのです。

お金を多く稼ぐことにより、経済的な効果はもちろん、納税などで社会的な貢献も果たせます。お金を稼ぐのにネガティブな価値観をもつことは、むしろ経済的にも社会的にも悪影響を及ぼすのです。どんどん稼いで、どんどん経済を回して、どんどん納税（しっかり節税）して社会貢献をする。そのことで日本を良くしようという価値観を日本全体で持てたらどんなに素晴らしいことかと思います。

お金を増やすためには、お金を大好きになることが必須です。お金を「悪」「汚い物」という意識があれば、無意識的に行動の制限や抑止が起こります。「メンタルブロック」と呼ばれる心理的な問題です。

もし、お金を稼ぐことに対して負の感情があるなら、あなたのお金に対する価値観を肯定的なものに変えなければなりません。お金をつくる最大の推進力は、お金への愛情です。とことん好きになりましょう。

1−2　お金に対するイメージを変える

お金を大好きになるためには、まず、お金に対するイメージを変えてみましょう。お金自体は中立なもので、それをどう使うかによって「善」か「悪」かが決まります。お金があれば、自分や家族の幸せを追求できたり、社会貢献活動に参加できたりします。お金は人生を豊かにするツールであり、その力を活用することが大切です。

次に、お金に関する知識を学ぶことで、お金への愛情が自然に湧いてくるようになります。お金を増やす方法や資産運用の基本、節約術などを学び、自分のお金を上手に管理する術を身につけましょう。知識が増えることでお金に対する理解が深まり、愛情が育ちます。

また、お金に関する成功体験を積み重ねることで、お金を好きになることができます。例えば「賢く節約して目標金額を貯める」「投資で利益を上げる」「副業で収入を増やす」など、お金を増やす取り組みを続けることで、お金への愛情が深まります。

お金に対するポジティブな言葉を使うことで、無意識の中でお金を好きになる気持ちを育てましょう。「お金が幸せを運んでくる」「お金が自由をもたらす」など、お金に対する肯定的な言葉を繰り返し言うことで、心の中でお金を好きになる気持ちが育ちます。

お金をとことん好きになることで、自然とお金を増やす力が身につき、人生がより豊かになるでしょう。お金への愛情を大切にし、お金を増やすための積極的な行動を続けていきましょう。

2

楽観主義は成功する

2-1 楽観主義はストレスにもお金にも強い

成功する人の特徴のひとつに、楽観的だということがあります。楽観的な人は困ったことが起こっても「大丈夫、なんとかなる」と考えます。それに対して悲観的な人は「危ないからやめておこう」となります。楽観的な人は、行動や努力、やり方によって何事も上手くいくと考えます。悲観的な人は、トラブルや損を嫌う傾向が強いので、リスクのある行動はやめておこうとなるのです。結果的に目の前にあるチャンスを逃します。

はっきりしているのは、行動によってしか結果は生まれないということです。あなたの目標はあなたの行動によってのみもたらされます。「行動すれば目標は達成できる」という前向きな気持ちを持って、課題に取り組むべきです。

とはいえ、「楽観的どころか、心配性で悲観的なんです」というあなた、安心してください。それは、日本人にとって普通のこと。実は、日本人の80・25％の人は、悲観的に物事をとらえる傾向にある不安遺伝子を持っています。ちなみにアメリカ人の不安遺伝子の保有割合は44・53％です。日本では、地震や台風などの天災が多いため、リスク管理をしっかりしていた人が生き残ったことで、このような遺伝子を持つ人が多いのだと言われています（諸説あります）。遺伝的に日本人は、リスク管理に優れているので、積極的に投資をすればリスクを減らして、リターンを大きくできるのではないでしょうか。

楽観主義には、2つのタイプがあり、注意が必要です。「積極型楽観主義」と「放置型楽観主義」です。行動すれば成し遂げられると考えるのが、「積極型楽観主義」。能天気に努力もしないで大丈夫と放置してしまうのは、目標に到達できない楽観主義で、これを「放置型楽観主義」といいます。お金を稼ぐのに、行動も何もせずに放置してはいけません。

あるアメリカの研究では、働く人の75％が日常生活で大きなストレスを受けていると述べ、さらに40％がストレス度が非常に高いという結果を発表しています。心理学者のショーン・エイカーとミシェル・ギランの研究では、ストレスに対しての対抗策として、楽観主義的なマインドセットが有効だと結論づけてます。また、調査の結果、金銭的なことに関して、楽観主義者は賢明な行動で利益をつかむ傾向が高いとのことです。

楽観主義者でいるのは、ストレス耐性を持ち、お金を増やすためにも有効なのです。

3 捨てると手に入れられるもの

3-1 捨てるべきはムダな人間関係

物を捨てるのに、「特別な才能は必要ない」はずなのに、家の中は不要な物であふれているのはなぜでしょうか？・「もったいないと思うから」「人からもらったものだから」「いつか使うかもしれないから」「捨てることは悪だから」などの心理があるかと思います。

捨てられずにいることで、気がつかないうちに、物があなたをむしばんでいるかもしれません。不要な物が多く整理されていない部屋だと、捜し物をするのもなかなか時間がかかる作業です。無駄な買い物もしがちになります。頭の中も整理しにくくなります。コスパとタイパが非常に悪くなるのです。あなたは、「いや、うちは整理されていて、捨てる物はほとんどないよ」と考えているかもしれません。しかし、本当に捨てなければならない物は、他にもあるのです。**本当に捨てなければならない物とは、今までの人間関係もそのひとつかもしれません**。あなたが精神的に負担と感じる、無駄だと感じる人間関係を捨てるのを恐れないでください。

前述したように、億万長者で投資家のジム・ローンは「あなたは、最も一緒に過ごす時間の長い5人の友達の平均になる」と述べました。あなたの貴重な時間は限られています。気の合う友人とばかり過ごしていたら、チャンスをつかみ取るような経験や人との出会いの場が持てなくなるかもしれません。また、スティーブ・ジョブズも「何かを捨てないと前に進めない」という言葉を残しています。まず、捨てるのが先です。捨てないと進めない、何も得られないのです。

さらにもうひとつ、捨てる物を検討するとしたら、それは会社かもしれません。すぐにではなくても、捨て去れる日がいつか来るかもしれません。その日のために経済的な準備をしていきましょう。1億円以上の金融資産を有する富裕層の主な属性は、会社のオーナー、上場企業のオーナー、または一族、開業医、不動産オーナーが多いそうです。会社員のままで富裕層に入るのは、東大に入るより難しそうです。

4

学ぶことは最強の投資

4-1 教養は自己投資として超有益

学びに関して、ベンジャミン・フランクリンが残した、こんな言葉があります。

「財布を空にして頭の中に入れてしまえば、誰もそれを取り出すことはできない。知識に対する投資は、常に一番の利益を生み出す」

最も有効な投資は、学びという自己投資です。

また、学びを継続する成果について、「1・01の法則」というものがあります。毎日コツコツ学びを積み上げると、1・01は365日で、37・8まで増えます。1・01の365乗です。学びを数値化したおもしろい考え方だと思います。

学びに関しては、投資の勉強をすることはもちろんですが、教養をつけることも重要です。教養をつけるメリットはいくつかあります。

❶論理的で柔軟な発想を可能にする

思考の柔軟性は、めまぐるしく変わる社会に対応力を与えます。また課題解決のため柔軟に対処するようになります。世の中のほとんどのものは、正解がないものです。幅広い知識や思考で自由な選択ができるようになります。

❷重要な決断の場面で有益なアイデアや感性を付与する

先人の知恵や歴史は、決断の場面で参考にすることができます。重大な決断を常に下さなければならない経営者は、歴史や哲学にも学ぶ人が多いといいます。確固たる信念をもたなければ、重圧に押し負けてしまうからです。正解のない判断や、先が見通せない世の中での舵取りをしなければなりません。そのようなときに教養を身につけておくことが、後に大きな武器になるのです。

❸さまざまな人達とのコミュニケーションを円滑にする

幅広いさまざまな価値観の人と交流することで、視野が広がりチャンスも広がります。また、教養を身につけることにより、価値観の違う人とも円滑にコミュニケーションを取れるようになります。歴史や文化、宗教を学ぶことにより、多様な宗教や価値観を持つ世界中の人々と円滑な交流もできるようになるのです。

4-2 いろいろなジャンルの学びを得る

興味があれば、次のジャンルの入門書などの読書をおすすめします。

《行動経済学》

心理学＋経済学が行動経済学です。マーケティング分野でも行動経済学が応用されています。

《社会学》

社会をさまざまな角度からとらえることで、人々の多様性を認め、多様な人々が生きやすい社会を模索するのが社会学です。社会の問題や構造、仕組みを解明します。

《歴史》

人類が歩いてきた道のりを学ぶことを通して、現在の社会の成り立ちを理解する。歴史は繰り返す。歴史を学ぶことで現代や未知のものへの理解を深めるのです。

《地理》

産業や暮らし、文化など、人間社会と地形や気候との関係を学びます。文化や歴史、民族、経済などを対象とするのが人文地理です。カバーする範囲が広いのが特徴です。

《宗教学》

キリスト教、イスラム教や仏教などの歴史と哲学や思想との関係などの基本的な知識を学びます。宗教の意義や「拝む」といった宗教的行為の意味、歴史的変遷、社会への影響などについて研究します。

4-3 教養は資産形成に役立つ

教養を積むことは、資産形成に大変役立ちます。**なぜなら、さまざまな分野の知識を持つことで、自分の視野が広がり、新たな投資やビジネスのアイデアが浮かぶからです**。また、教養があることで人間関係も広がり、情報収集や協力が得られやすくなります。

例えば、歴史や経済に関心を持つことで、過去の成功事例や失敗例を学ぶことができ、自分の投資戦略に活かせるようになるでしょう。さらに、心理学や哲学を学ぶことは、自分自身の感情や行動パターンを理解し、より賢明な投資判断を行うことにつながります。

ウォーレン・バフェットは「広く読むことで、投資家は他人が経験した失敗を学び、自分の成功につなげられる」と言っています。彼自身も1日に5～6時間を読書に費やしており、その教養が彼の成功の源泉になっているようです。

また、世界的な投資家であるジム・ロジャーズも「投資家にとって最も重要なスキルは、自分が知らないことを知ることだ」と述べています。これは、広い知識を持つことが投資家にとって重要であることを示しています。

このように、さまざまな分野の教養を積むことで、資産形成に役立つ知識や視点が身につくのです。そして、それらの知識や視点を活かして、賢い投資判断や新しいビジネスチャンスを見つけ出せるようになるでしょう。**広く読み、学び続けることで、資産形成の道はより明るくなります**。

5

お金を支払う側／受け取る側、どちら側に入るか

5－1 お金を受け取る側になるには

購買者側か販売側か、システムを利用する側か提供する側か、借りる側か貸す側か、課金する側か課金させる側かなど、お金を支払う側と受け取る側がいます。**お金を支払う側にこの先ずっと立ちつづけているのなら、一生お金の問題を抱えたまま終えることになります。**給与以外にお金を受け取る術がないようなら、直ちにお金を受け取る側のステージを持つべきです。

「お客様は神様です」という言葉があります。それはお金を受け取る側の言葉であって、お

金を支払う側のものではないのです。お金を受け取る側から見れば、大事な顧客ですが、支払う側は、お金を支払うからといって神様のように上に立つものではありません。あくまでも対等で、ともにメリットがある関係でなければなりません。

ロバート・キヨサキは、著書『金持ち父さんのキャッシュフロー・クワドラント』（筑摩書房）のなかで、4つのクワドラント（象限・4分割）でお金を得る立ち位置を説明しています。4つのクワドラントとは、「Eクワドラント」「Sクワドラント」「Bクワドラント」「Iクワドラント」の4つです。クワドラントとは四分円を意味します。

クワドラントは、それぞれの属性の職種の頭文字からつけられています。

Eクワドラント……Employee（従業員・会社員）
Sクワドラント……Self-employed（自営業）
Bクワドラント……Business-owner（ビジネスオーナー）
Iクワドラント……Investor（投資家）

4つのクワトランド

E 労働力を売る・意思決定権なし Employee（従業員・会社員）	**B** 仕組みをつくる・意思決定権あり Business-owner（ビジネスオーナー）
S 労働力を売る・意思決定権あり Self-employed（自営業）	**I** 他人を利用・意思決定権あり Investor（投資家）

ロバート・キヨサキ『金持ち父さんのキャッシュフロー・クワトランド』（筑摩書房）の中では、職業はこの4つにわけることができると紹介されている

「Eクワドラント」(会社員)では、どんなに頑張っても決められた給料以外、もらえません。自分の労働力をお金に換えている立場です。

「Sクワドラント」(自営業)では、自分の頑張りによって収入を増やすことが可能です。しかし、自分の労働力をお金に換えているのは「Eクワドラント」と同じです。医者や、弁護士もこのクワドラントに属しますが。自分が働かないときには収入はゼロになります。

「Bクワドラント」(ビジネスオーナー)は、会社を立ち上げて権利収入からお金を得ています。人を雇うことにより、レバレッジを大きくすることができます。直接的に自分の労働力は使わないので、「Sクワドラント」よりも規模を拡大できます。よって、収入は大きくなります。

「Iクワドラント」(投資家)は、お金を会社やビジネス、不動産に投資をすることによって、さらにお金を得ています。資産を買うことによって、お金が働いて、お金を作り出します。

ロバート・キヨサキは、最終的には「Iクワドラント」に入ることを推奨しています。

6 人生でコントロールすべきこと

6－1 人生でコントロール可能なこと

人生においてコントロール可能なことはさまざまありますが、一般的に以下のようなことが挙げられます。

《意識的な選択》

人生の意識的な選択とは、決断することです。自分の決断、選択によって生まれる結果に責任を持つことを意味します。選ぶことで、自分の人生を自分の手で形にすることができるのです。意識的な選択は、自分にとって良い結果を生み出すために、非常に重要です。

《日常生活のルーティン化（習慣化）》

効率的で質の高い日常を送ることを習慣化することが必要です。生活のバランスが取りやすくなり、よりストレスフリーでハッピーな人生を送ることができます。日常を効率的にルーティン化し、スムーズに進ませる生活によって、ストレスを軽減することができます。例えば、毎朝、お気に入りの場所でコーヒーを飲みながら、スケジュールを確認して仕事に備えたり、ランチを食べた後にリフレッシュのための散歩をしたりすることなどです。

《身の周りの環境のコントロール》

身の周りの環境とは、自分が日常的に生活している周辺の場所、物、人、状況などを指します。このような環境は、自分のライフスタイル、行動、志向に大きな影響を与えます。あなたの望む快適な生活が送れるように、理想的な環境をつくるように行動しましょう。普段生活する場所では、特にそんな環境が必要です。もし、ストレスや安全性に懸念があるのであれば、引越しも視野に入れてもいいかもしれません。あなたが生活する環境をコントロールするのです。

《学習・スキルアップ》

何を学び、何をスキルアップするかを決めるのは、非常に重要な選択です。学習やスキルアップは、あなたの意思のコントロール下にあります。そもそも何も学ばないという選択肢もありますが、プラスにはならないので却下。

《健康的な生活レベル》

健康的な生活習慣は、身体と心の基盤を確立するために必要です。健康長寿、疾患予防、良好な心理状態、活力のある生活などをつくることができます。豊かな生活を送るためにも、健康的な生活習慣をコントロールすることは重要です。

《人間関係の見直し》

共通の価値観をもっていたり、趣味や興味が重なっていたり、尊敬できて相性がよかったりなど、自分にとってプラスになるように人間関係を見直してみるのもいいかもしれません。プライベートでの人間関係は自分で選択できるので、なるべく多くの人に会い、新たな交流をつくるといいでしょう。

《職業の選択・キャリアアップ》

非常に重要な選択事項です。経済的な安定性、職場での人間関係、人生の多くの拘束時間が決まります。生活レベルを向上させることも、転職によって可能になります。

《投資の管理・選択》

どのような投資を選択するか。適切な投資をすれば、資産が増えます。しかし、安易で間違った投資をすると、資産を減らしてしまいます。適切なリスクコントロールが必要です。貯蓄だけでは資産を増やせません。貯蓄を有効活用するためにも投資をし、資産を成長させましょう。

7 因果関係を疑う

7-1 因果関係と相関関係

片方が原因となって、もう片方が結果として生じた場合、この2つのあいだには「因果関係がある」といいます。

「偏差値の高い大学に行けば給料が高い」という因果関係について、アメリカの大学の研究成果があります。高校の成績や推薦状で同じ能力と見なされた2人で、一方は偏差値の高いA大学に進学し、他方は、偏差値はA大学よりも低いB大学に進学したとします。偏差値の高い大学へ行くことにより後の収入に影響があるかどうかを調べたのです。結果として、収入の差は見られませんでした。一般的に偏差値の高い大学は教育の質が高く、就職先となる企業も高い評判を持つものが多いため、卒業生の平均年収が高くなりやすい傾向にあります。**これは、因果関係ではなく、相関関係です**。つまり、もともと収入を多く稼ぐ能力のある人が、偏差値の高い大学に進学したのだということです。因果関係は認められませんでした。

また、マーケティングの失敗事例として、因果関係の把握の仕方についての問題がありました。ある会社の調査で、営業データを調べたところ、顧客への訪問回数が多いほど成約率が高い傾向にありました。そこで、会社の方針で営業部へ顧客への訪問回数を増やすように指示を出しました。しかしその結果、あろうことか成約率は下がってしまい、売上は落ちてしまいました。その後、詳しく調査したところ、成約率が高かった理由は、契約できそうな顧客に何度も訪問するようにしていたことにある事実が判明しました。つまり、契約できる可能性が高いため、訪問回数が多くなったのです。契約する気のない顧客へ、訪問回数を増やしても、効果はありませんでした。

因果関係とは、「気温が高い(原因)→アイスクリームが売れる(結果)」というような関係です。アイスクリームが売れたからといって、気温が高くなるわけではありません。

7-2 データをそのまま受け入れないこと

投資をするようになると、相関関係であるのに因果関係であるかのような話をするケースも、よく耳にするようになります。投資家向けのセミナーなどで、もっともらしくデータを出してきて生徒を説得してきますが、**データと結果の関係が因果関係なのか相関関係すら把握できていないケースが多いのです**。その違いを見極めるようにするのを習慣づけましょう。

例えば、「アイスクリームが売れる時期に、水難事故が増えている」というデータがあったとします。これで「水難事故を起こしているのはアイスクリームだから、売ってはダメだ」という主張を聞いたら、どう思うでしょうか。誰もがおかしいと気づくでしょう。気温という「第3の因子」があることを知っているからです。しかし、自分がよくわからない投資や健康サプリメントの話では、業者が提示するデータをそのまま受け入れてしまいがちです。効果のわからない健康食品が売れるのは、そのためです。また、「成功者は○○をしている」とか「○○な人はお金持ちになる」といった話を聞くときには、それが相関関係なのか因果関係なのか、あるいは全く関連がないのか、ということを意識しながら聞く癖をつけるといいでしょう。

8 サバイバルマインドと戦略的マインド

8－1 サバイバルマインド

「強い者、賢い者が生き残るのではない。変化できる者が生き残るのだ」

進化論を提唱したチャールズ・ダーウィンの言葉です。ダーウィンの進化論は、「生存」を自然選択の過程における重要な要素であるとして、非常に重要視しています。ダーウィンによれば、環境に適応した生物が生き残りやすく、それらの特質を子孫に伝え、時間の経過とともに種の進化につなげていったといいます。この適者生存の概念は、地球上の生命の多様性を形成する上で重要な役割を果たしているのです。未だ生命は生き残るための壮大な実験場といえるのでしょう。

現代社会は未だかつてないほど社会の変化が激しくなっています。世の中は、逆境や困難に満ちています。予測不可能な災害により社会は、大きい変化が短期間で起こるようになりました。例えば、２０２０年に新型コロナウィルスによるパンデミックが起こったように。急激な社会の変化に対応するためには、柔軟な思考と素早い行動力が求められます。

また、対処不可能な困難や大きな障害から、すばやく逃げなければなりません。避けたり逃げたりするのは、生き残る術です。いったん離脱して、体制を立て直してから対処するのも得策といえます。しかし、本当にやっかいなのは、目に見えにくい社会の変化なのです。徐々に水位が上がったため、気がついたときには、中州に取り残されていたキャンパーのようにならないようにしましょう。常に周りの環境の変化に注意しなければなりません。

また、物事が上手くいっているときや成功した後にも注意が必要です。アルピニストの野口健さんは、「登山家って山の頂上でバンザーイとかやっている姿しか表に出ないけれど、本当は登った瞬間から下山の恐怖で頭がいっぱいになっている。はたして無事に下りられるだろうかって」と語っています。山の天気は急変します。刻々と変化する天候に対応して行動しなければ、死につながるのです。

成功者は、危険なものやことを回避してきたからこそ、成功を勝ち取ったと言えます。より良い場所に移り住むとか、人間関係を見直すなどの柔軟な思考や行動によって、自分が生きやすい環境をつくることが重要です。

8-2 戦略的マインド

戦略的マインドとは、「ざっくり見積もってから行動しよう」という考え方です。行動する前に、あまり細かく計算しなくても大丈夫。なぜなら、予測されるリスクや状況は常に変わるからです。ビジネスでも戦略という言葉は使われますが、ここでの戦略マインドとは、「ざっくり計算する」「ざっくり分析する」という程度の意味だと考えてください。

計算とは、金銭的な計算と時間的な計算のこと。お金をかけて時間を短縮する、時間をかけてお金を増やすことです。

お金をかけて時間を短縮するとは、「新幹線を使う」「タクシーを使う」「自宅の片付けを業者に発注する」といったことなどです。あなたの時間は限られています。

例えば、あなたの年収が１０００万円だとします。年間１２０日の休日、１日の労働時間を８時間だとすると、あなたの時給は５１０２円で、日給は４万８１６円です。家事代行や簡単な家の修繕、ホームページの作成などは外注したほうがいいかもしれません。コスパとタイパのバランスが重要です。

何かをやろうとすると「やるべき課題が期日ギリギリまで広がってしまう」ことはありませんか？　これは、イギリスの歴史・政治学者であるシリル・ノースコート・パーキンソンが提唱した「パーキンソンの法則」で説明されています。

「パーキンソンの法則」とは、「レポートの締め切りまで時間があったはずなのに、ギリギリの提出となってしまった」とか「収入が増えたはずなのに、手元に残るお金は前と変わらない」などの問題が発生するという法則です。**つまり、人は、時間やお金を与えられるとそれらを使い切ってしまうのです**。**何も考えずに、対策しないと時間もお金も失ってしまいます**。

会議を開く際、毎回時間いっぱいまで使っていませんか？　これは、「時間いっぱいまで会議をした」という満足感を得るために、時間を薄めて使っているにすぎません。本来は、目的を達成したら、会議を終了すべきです。時間いっぱいまでだらだら会議を続けることが目的となっているためか、明確な会議のゴールがないために「パーキンソンの法則」が発動するのです。

「パーキンソンの法則」を発動させないためには、2つの対策があります。**その対策とは、「最短の時間を見積もること」と「必要な行動を明確にすること」です**。

「最短の時間を見積もること」とは、納期から逆残して最低必要な時間や日数を決めて、状況に応じて短縮できる時間をつくり出すように行動することです。「必要な行動を明確にすること」は、場合によっては外注することも視野に入れて行動計画をつくることです。「会社員では、外注する選択肢はないよ」ということもあるかもしれませんが、なるべくフレキシブルに選択肢を多くした行動計画の作成をおすすめします。それが「戦略的マインド」です。

あなたの目標とする給料以外の収入を最短で達成するために、あらゆる手段をとるべきです。場合によっては、時短のために専門家に学ぶことを選択肢に入れるのもいいでしょう。

第 4 章

不労所得をつくるスキル

1 幸運をつくる方法

1－1 「運がいい人」になる

お金をつくりだす上で、非常に重要なスキルがあります。**それは、「運がいい人になる」というものです。**

「幸運はつくることができる」と言ったら、あなたは信じますか？

「運」は、もともと持っているものというよりは、その人の考え方や行動の仕方によるものです。そして、「運がいい人」に共通する考え方や行動パターンを分析することで、だれでも運がいい人になれます。

あなたの身の周りの中で、「運がいい人」を思い浮かべてください。その人は、人付き合いが上手で、行動的な方ではないでしょうか？

運とは、「人によってもたらされるもの」です。

例えば、あなたの昇進は誰かが決めます。あなたが入った会社にも、あなたを選んだ誰かがいます。お付き合いする相手、結婚する相手は、あなたを選んでいるのです。

つまり、あなたにとって重要な人生の選択は、自分が行っているようで、実は他の人の選択によって決まっているのです。

1-2 「運のいい人」の特徴

他人から選ばれる「運のいい人」の特徴として、次のようなポイントが挙げられます。

◎プラス志向の自己イメージである
◎なにごとにも感謝の気持ちを持っている

◎行動やレスポンスが早い
◎他人を助けるのが苦ではない
◎明確な目標を持っている

運を高めるためにも、ぜひこれらのポイントを覚えておいてください。

《プラス志向の自己イメージである》

自分の長所を積極的に肯定する、プラス志向の自己イメージがパフォーマンスに影響を与えるかどうかの実験が、イギリスで行われたことがありました。この実験は、一般に男性のほうが、女性よりも早く正確に答えを出せるとされている種類のテストでした。

そのテストでは、試験前に被験者に簡単なアンケートを実施しました。このアンケートで性別を訊かれたグループの女子大学生正答率は、男子学生の64％。一方、自分の所属大学を訊かれたグループの女子大学生の正答率は、男子学生の86％まで上がりました。実は、被験者の多くは有名校の学生だったため、「自分が有名大学の学生である」というプラスの自己イメージが、テストによい影響を与えるかどうかを調べる実験だったのです。「自己イメージがよい」とは、「やればできる」や、「自分は運がいい」などのプラスイメージを持っているということです。

《なにごとにも感謝の気持ちを持っている》

感謝の気持ちを持っている人物の周りに、人は集まります。運は人からもたらされるため、他者に対する感謝の気持ちを持てば、運は自然によくなるのです。感謝の気持ちは、笑顔をつくります。笑顔でいることは、周りも笑顔にするということです。そうすると、周りの人たちは、いい情報やいい話を伝えてあげようという気持ちになるのです。感謝の気持ちは感謝を生み、また運もつくりだしていきます。

《行動やレスポンスが早い》

行動は実行。行動の集積は人生。単純なことですが、人生の時間が有限である以上、行動を早くしてなるべく実行数を増やしたほうが、得られる結果は多いのです。

そもそも、行動が重要な理由は、「行動しなければ結果が出ない」「行動しなければ成長しない」ことにあります。行動することを恐れないでください。あなたが望まなかった結果であったとしても、大丈夫です。行動の早さが、それをリカバリーできるのです。

例えば、仕事で上司に頼まれていたレポートを締め切りギリギリに提出するのと、前日に提出するのとでは、リカバリーできる時間があるかないかで大きく異なります。もし、上司から不十分だと修正を指示されたとき、締め切りギリギリだとリカバリーできなくなります。行動とレスポンスを早くして、失敗からのリカバリー力を鍛えましょう。

《他人を助けるのが苦ではない》

「情けは人のためならず」とは、人に親切にすることで、巡り巡って自分に良い報いが返ってくるという意味です。

本当にそんなことがあるのかどうかということを、実験した研究がありました。大阪大学大学院人間研究科の研究グループが、5~6歳の子どもを対象にした実験です。ほかの子どもに親切な行為(手伝ったり、おもちゃを貸したりなど)を行なった子どもと、それを見ていた別の子どもが、その後どのような振る舞いをするかを調べました。その結果、親切な子どもを見ていた子どもは、親切な子どもに対して親切に振る舞うことがわかったのです。つまり、親切な行動は、自分に対しても親切にしてもらえるメリットがあるのです。まさに、運の良くなる行動といえます。

《明確な目標を持っている》

明確な目標を持つことには、5つのメリットがあります。

1　やるべきことが明確になるため、行動が効率的になる
2　目標を達成することで達成感や自信が得られ、モチベーションが上がる
3　目標に向かって進むことで自己成長が促進される
4　課題に対して達成の可能性が高くなるため、ストレスが軽減される
5　目標達成のために努力することで、時間やリソースの有効活用ができる

このように明確な目標を持つことは、人生やビジネスにおいて成功するための重要な要素のひとつです。

もちろん、明確な目標を持つだけで、運が上がるわけではありません。目標を設定したら、その目標に向かって努力を継続することが重要です。努力を継続することで、運を引き寄せるようになるのです。

1-3 巨大ハンバーガーチェーンをつくった強運

運を高めるための効果のある特効薬があります。**それは、「ダメで元々＝ダメ元で行動すること」です。**

「ダメ元」とは、たとえ成功の見込みが低いと思われても、成功する可能性がゼロではないと考えて、最後の手段として挑戦することです。しかし、成功の確率が低いと思っているのは、自分の思い込みかもしれません。意外と成功確率が高いかもしれないのです。

マクドナルドハンバーガーチェーンは、いまでは世界規模のビジネスを展開しています。しかし、マクドナルドの世界規模での成功は、たったひとつの「ダメ元」での提案からでした。それは、実業家のレイ・A・クロックが創業者のマクドナルド兄弟にフランチャイズ契約を持ちかけたところからはじまります。

マクドナルド兄弟が経営するハンバーガー店のシステムに惚れ込んだレイは、最初は相手にされませんでしたが、「ダメ元」で何度もあきらめずに提案したのです。かくして、レイはフランチャイズ契約を勝ち取りました。世界的なハンバーガーチェーンは、「ダメ元」の提案が原点なのです。

成功するには、とにかくやってみることが肝心。

例えば、あなたがゴールに到達するために、あなたが目標とする人に「ダメ元」で会うのです。そうすれば、何かが起こるはずです。

2 情報収集力・分析力を鍛える

2-1 情報収集力を鍛える

情報収集力は、現代社会でますます重要になっています。情報収集力の高い人は、正確な情報を短時間で集め、よりよい判断を下すことができます。また、情報収集力は、他人と話すときに質の高い、建設的なコミュニケーションをサポートします。

情報収集力を強化することは、個人の成長とキャリアにも大きな影響を与えます。例えば、ビジネスで顧客や市場の情報を集めて、それを基に戦略を立てる場合。情報収集力が高い人は、市場に適した戦略を構築しやすいのです。

さらに、情報収集力を強化することは、知的好奇心を刺激することにもつながります。新しい情報や知識を取り入れることは、自分自身の成長を助けるのです。

情報収集力を鍛えるためには、正確な情報を集めるための情報源の選択が重要。信頼できる情報源を見つけるためには、多くの情報源を比較し、それが信頼できるかどうかを確認する必要があります。また、情報を整理するためには、メモやデータを取ったり、情報を分類したりすることが有効です。

情報収集力を鍛えることは、現代社会で必要不可欠なスキルのひとつです。常に新しい情報にアンテナを張り、正確な情報を収集することで、より良い判断や意思決定ができるようにしましょう。

情報収集力を鍛えるためには、主に５つの方法があります。

❶幅広い分野に興味を持つこと

さまざまな分野についての興味や知識を持つことで、情報収集の幅が広がります。そのため、得意分野だけでなく、幅広い分野について興味や知識を持つことが重要です。

❷質問スキルを磨くこと

情報を収集する際に、正しい質問をすることは非常に重要です。正確な質問をすることで、安定性と有用性を高められます。質問スキルを磨くことが必要です。

❸多様な情報源を利用すること

情報源を多く持つことで、偏りのない情報収集が可能になります。インターネットや書籍だけでなく、人との会話や人からの情報、専門家によるセミナーなど、多様な情報源を活用することが大切です。

❹情報整理のスキルを身につけること

情報を収集した後に、適切な方法で情報を整理することが必要となります。整理の方法を正確に選ぶことで、分析に必要な情報を見つけ出しやすくなります。

❺粘り強さを持つこと

情報収集や分析には時間がかかります。そのため、諦めずに粘り強く取り組むことも必要です。真に有益な情報はまれです。特に投資に関する有益な情報は、そうそう来ることはありませんから、こちらから取りにいかなくてはなりません。他人から来る「いい儲け話」には、くれぐれも安易に乗らないようにしましょう。

2-2 分析力を鍛える

現代社会では、自分を取り巻く環境の変化が早く、多くの情報が溢れており、それらを正しく理解することがますます重要になっています。情報の分析力は、その情報を正しく理解し、必要に応じて適切な対策を講じるため、必要不可欠なものです。

例えば、ビジネスにおいては、競合他社や顧客の情報を収集しに分析することが常です。マーケティング戦略を立てる際にも、市場動向や顧客の行動パターンを分析することは欠かせません。同様に、投資をする場合においても、どのような情報が必要で、それをどう分析するかが重要となるのです。

しかし、情報の量が増えるにつれ、それを処理することはますます困難になります。こうした状況下では、情報の分析能力や処理速度を向上させることが重要になってきます。**情報の分析能力を向上させるためには、データの扱い方について学ぶことや、統計データの使い方を習得することが必要です**。これらのスキルを身につけることで、より正確な情報の分析が可能になり、より適切に対策を講じられるようになるでしょう。

分析力を鍛えるためには、４つの方法があります。

❶目的を明確にすること

分析する目的を明確にすることで、情報を収集する際の視点や注目する点がはっきり見えてきます。

❷データの信頼性を確認すること

分析に使用するデータの信頼性を確認することが重要です。データの収集方法や取得先、サンプル数、偏りの有無などを確認し、適切な分析に使用するデータを選択します。

❸図やグラフを活用すること

データの傾向をわかりやすくするために、グラフや図を活用することが効果的です。例えば、過去50年の日経平均株価のグラフとGDP成長率を重ねてみると、どう見えるのか。あなたが気になるデータがあれば、図やグラフにしてみるといいでしょう。

❹仮説（プラン）の検証

限られた情報量から仮のゴール（答え）をつくり出し、そのゴールから逆算するように根拠を探していきます。目標を達成したり、問題を解決するのに正しい解を導くためにも、仮説（プラン）を立てる力が必要です。

例えば、「5年のうちに不労所得を年間1000万円つくる」ことが、目標だとします。目標から逆算して、そのための手法は「不動産投資が最適である（仮説）」とします。「不動産投資が最適な理由は○○である。そのために必要な行動は○○である」と、具体的に思考と行動をつくるのです。

3

問題解決力を高める

3-1 問題解決の分解

投資を行う上ではさまざまな問題が発生しますが、問題解決力を持つことで、複雑な難問も適切に解決できるようになります。お金を増やすステージにおいては、常に問題点を洗い出し、改善策を実行することが、お金を増やすためには重要です。

問題解決力を高めるために必要なことは主に4つありますが、**最初のステップは、問題を明確に把握することです**。ボトルネックとなっている問題を見つけましょう。その上で、問題の原因や影響を分析し、詳細に理解することが必要です。つまり、問題の本質をしっかりと把握することです。

また、直ちに解決しなければならない問題なのか、それともしばらく放置してもよい問題なのかを分類する必要もあります。

例えば、給料が下がってローン返済を貯蓄から取り崩さなければならないのであれば、すぐにでも不足分の収入を確保するために副業をはじめたり、他の家族からの収入を増やさなければなりません。これらは「直ちに解決しなければならない問題」です。それに対して「放置してもよい問題」というのは、自分ではコントロールできない問題です。「兄弟や子どもが結婚しないので、なんとかしないといけない」「子どもが全く勉強しない、進学は大丈夫だろうか」などといったことです。心情的に心配なのはわかりますが、他人をコントロールするのは不可能と割り切り、きっぱり放置しましょう。また、芸能人や政治家の不祥事などについて「けしからん、問題だ」といってネットに書き込んだりするのは、時間と負の感情の無駄使いです。

将来的な問題は「課題」として捉えて、対策と対応を考えなければなりません。課題は、現状との差です。課題と現状の差は、その課題を分解して考えることで埋めなければなりません。

【事例1】 FIRE(経済的独立による早期退職)の課題の分解

FIREするために、課題をいくつかに分けて考えます。

❶貯蓄の課題

FIREするためには、年間の支出額に見合う貯蓄が必要です。貯蓄のためには、支出の見直しや削減を行い、収入と支出のバランスをとる必要があります。

❷投資の課題

FIREするためには、長期的な視野で投資を行い、資産を増やす必要があります。適切な投資商品の選択は、投資に関する知識や経験を持つ必要があります。

❸リターンの不確実性

FIREするためには、退職前に十分な資産を築く必要があります。しかし、将来のリターンやインフレの影響など、不確実な要因があるため、その計画が実現するかどうかが保証されていない点が課題です。

❹健康保険や年金の課題

FIREすることで、会社側が提供する健康保険や年金制度から離れることになります。自分で社会保険料を納めることで、自己負担が多くなります。このため、保険制度や年金制度について詳しく知る必要があるのです。

【事例2】 自己投資の課題の分解

有効な自己投資について、課題をいくつかに分けて考えます。

❶目的の不明確さ

自己投資を行う際には、具体的な目的を持つことが重要です。自己投資の目的を明確にしないと、自己投資の対象や方法が定まらず、効果的な自己投資にならない可能性があります。

❷投資対象の選定の課題

自己投資のためには、自分自身に必要な能力や知識を持つ人材の選定が重要。また、適切な書籍や講座、コンサルタント、セミナーなどを選ぶことも大切です。

このように課題を細かく分解することで、対応と対策が立てられるのです。

3-2 創造的思考力

創造的思考力は、問題を別の角度からとらえ、新しいアイデアを生み出せるようにする能力です。**自己成長においては創造的思考力が、新しいスキルや知識を習得するために必要となります**。現代社会は、環境の変化が急激です。常に変化する環境に対応するために、新しいアイデアなども取り入れながら、自分自身を成長させていきましょう。

創造的思考力を鍛えるには、3つの方法があります。

❶マインドマップの活用

創造的思考力を鍛えるために、マインドマップを活用しましょう。マインドマップを使うことでアイデアを整理し、新たな発想を生み出せるようになります。マインドマップは、脳を活性化し、アイデアの連想力を高める効果があるといわれています。

❷幅広い分野にアクセスする

幅広い分野にアクセスし、新しい知識や情報を取り入れることが、創造的な思考力を獲得する上で役に立ちます。分野の垣根を超えた視点で物事をとらえることで、新しい発想を生み出せるのです。ニュースや雑誌などを見ていて何か知らないことや、知らない場所、人物などの情報があれば、スマホで検索して気軽に調べるとよいでしょう。

❸アウトプットする

アウトプットすることで、自分の思考を整理し、新しいアイデアをつくるのです。アイデアの発想だけでなく、文字にしたり絵にしたりすることで新たな発見があるかもしれません。思いついたらアイデアが蒸発しないうちにメモすることをおすすめします。可能な限りその場で、スマホに記録する、紙にメモするなどといった行動を心がけましょう。アイデアはすぐに蒸発してしまいます。アイデアを逃さないように。

3-3 論理的思考力

論理的思考力を持つことで、問題を分析し、的確な結論を導き出せるようになります。自己成長においては、この能力も重要です。

論理的な手順は、論理的思考力を高めるのに欠かせません。**論理的な手順とは、仮説を立て、根拠を集め、仮説の妥当性を評価し、結論を導くことです**。

事例を挙げてみましょう。ある投資家が、ある銘柄の株式を買うことで、将来的に大きな利益を得られるという仮説を立てました。この仮説が正しいかどうかを確かめるために、どのような手順を踏むべきか考えてみましょう。

❶仮説の設定

ある銘柄の株式を買うことで、将来的に大きな利益を得られるという仮説を立てる。

❷根拠情報収集

過去の業績や財務状況、市場動向などを調べて、銘柄の将来的な成長性や収益性に

ついての情報を集める。

❸リスク評価

リスクを評価するために、銘柄の業績が悪化した場合や市場環境が変化した場合にどのような影響が出るかを考える。

❹投資判断

収益性とリスクを総合的に判断する。具体的には、目標利回りや投資期間、投資資金の配分などを決定する。

❺妥当性の評価

投資した後、銘柄の動向を注視し、予測と実際の結果を比較する。また、新しい情報や変化があった場合には、仮説を再評価する必要がある。

以上のように、論理的な手順で仮説を立て、根拠を集め、仮説の妥当性を評価します。また、投資後にも銘柄の動向を注視し、新たな情報があった場合には仮説を再評価することが必要です。また、読書は、論理的思考力を育てるのに有効です。特に哲学などの分野に触れることは、論理的思考力を養うのにプラスになるでしょう。

問いを立てることで、論理的思考力を鍛えられます。問いを立てることで、自分自身に問題意識を持ち、分析や解決策を考えられるのです。「自分は何にストレスを感じるのか?」「自分は何を大切にしたいのか?」という問いを自身に問いかければ、より深く自分と対話できることでしょう。また、「自分の強みは何か?」「自分の課題は何か?」という問いは、自分自身を客観的に評価し、思考力を伸ばします。

3-4 意欲と粘り強さ

当たり前ですが、自己成長には時間と努力が必要です。しかし、その過程で問題に直面することが多々あるため、意欲と粘り強さも欠かせません。**困難に直面しても諦めず、目標に向かって取り組むことが自己成長には重要です**。事例を挙げるので、投資において問題解決に粘り強さが重要であることを考えてみましょう。

❶損失を出した場合の対応

投資において、思わぬ損失を被ることがあります。このような場合には、冷静に状況を見極め、原因を特定して改善策を考えなければなりません。拙速な判断を避けて、粘り強く対応しなければならないこともあります。また、誰にアドバイスをもらうのかということも重要です。

❷投資先の検討

投資先を決める際には、多くの情報を収集し、総合的に考えなければなりません。過去のパフォーマンスや将来の見通しなど、市場の動向を分析する必要があります。また、投資先の長期的なパフォーマンスを評価する必要もあります。投資先の時間枠が自分に合っているかどうかを確認し、目的に応じた期間で収益を得られるかどうかもチェックしましょう。

❸投資先の成長性の評価

投資先の成長性を評価するには、継続的な調査や分析が必要です。その際、予想通り

の成長が見込めなかった場合には、粘り強く投資先の評価を再検討する必要がありま す。また、投資先が成長軌道に乗った場合には、長期的な視点で投資を継続することが 必要です。

以上のように、投資においては問題解決に粘り強さが求められます。投資先の検討や、損失対策、成長性の評価など、投資に関するさまざまな局面において情報収集や分析を繰り返し、問題を解決するために意欲的に粘り強く取り組むことが重要です。

例えば、不動産投資で、長期間の空室が複数あったとします。この問題の解決には、空室の適正なリフォームや設備の導入、家賃設定、近隣仲介店への営業活動などの対策が必要です。長期間にわたって意欲的に解決に取り組まなければならない問題なのです。

投資の神様と呼ばれるウォーレン・バフェットは、投資に関して長期的な視点を重視すべきとの考えから、以下のようなことを述べました。

「私たちは、長期的な視点で企業を分析し、理解し、投資先を決定します。私たちは、優れた企業が何年も続くことを期待し、その企業の長期的な成長に賭けています」

4 行動回数を増やす

4－1 チャンスが来たら素早く行動

「レスポンスを早く、行動回数を増やす」ことが、自分にとって有利になります。

市場は常に変化しているため、レスポンスが早いことは、お金を増やすために非常に重要です。素早く行動することで、利益を確保できる可能性が高くなります。

例えば、不動産投資において、利回りの高い優良物件を手に入れられるのは、早く情報を取り、早く行動した投資家です。そのため、優秀な投資家は常に準備ができています。

チャンスが来たら迷いなく、素早く行動しなければなりません。気持ちの迷いは行動の遅さにつながります。チャンスが来たときにそんな迷いがないように、しっかりと準備しておきましょう。

《経験の獲得》

何度も行動することで、より多くの経験を積むことができます。失敗や成功を経験することで、自分自身の投資スタイルやリスク許容度などを、より正確に把握できるようになります。そして、より効率的な投資ができるようになるのです。

また、より多くの経験を積むことで、リスク管理能力も高まります。投資は常にリスクが伴うものであり、経験を積むことでリスクを正確に評価できるようになります。経験から市場の動向をおおよそ読み取ることも可能でしょう。そして、投資機会をより的確に見つけられるようになります。

投資は、時にストレスを伴うものであり、不確実性が高いために不安を感じることもあります。**しかし、経験を積むことで、自信を持って投資判断を下せるようになり、ストレスや不安に対処する力を強くできるようになるのです。**

《投資機会の拡大》

行動を増やすことで、より多くの投資機会を得られるようになります。また複数の投資先に分散投資することで、リスクを分散できます。

投資において、成功するためには、よい投資機会を見逃さず、それに迅速に反応することが重要です。**投資家の行動が多ければ、チャンスとの出会いが多くなり、利益拡大につながります**。また、行動を増やすことで、市場の動向をある程度読み取れるようになるため、投資チャンスにより多く出会えるようになるのです。

一方で、投資家の行動が少ない場合、チャンスを逃す可能性が高くなります。加えて、行動が少ない場合は、なかなか良い投資機会を見られず、ポートフォリオの成長が遅れることになります。つまり機会を損失するのです。

《効率化が上がる》

行動が増えると経験値が上がり、市場の変化をより多くのデータから分析できるようになります。これにより、投資家は市場の動向をより正確に予測し、より合理的な投資判断を下せます。

自己投資を含めて投資には、コストが必要です。**しかし、何度も行動することで、投資家はより効率的な行動ができるようになります。コストも削減でき、無駄な出費を防げるのです。**

行動を増やせばいいといっても、拙速な行動はリスクを高めます。不慣れなうちは、十分経験を積んだ専門家からアドバイスをもらうことも大切です。専門家のアドバイスを受けることで、市場の動向やリスクを正確に把握し、適切な判断ができるようになるでしょう。

5

不労所得をつくる最大の原資は自分自身

5-1 不労所得を得るためには自分の成長が必要

有名な名言として、前述のロバート・キヨサキのこんな言葉があります。

「不労所得を生む最大の資産は、人間の脳である」

不労所得を得るためには、自己投資による自分自身の成長が必要です。彼は、自らの経験を基に、資産としての不動産や株式などの保有を提唱しています。彼の言葉は、多くの人々に影響を与えています。不労所得を得るためには自己投資が欠かせないことを示している言葉です。

また、ジム・ローンは、自己投資について、こう述べています。

「自分自身を投資家として考え、最高の投資先を探しましょう。そして、最高の投資先は自分自身であることに気づくでしょう」

自己投資が重要であることは、言うまでもありません。自分自身を投資先として捉えることが大切なのです。自己投資は、学び続けること、健康に投資すること、自分自身のスキルや能力を開発すること、人間関係を構築することなど、さまざまな形があります。自己投資は、自分自身の可能性を最大限に引き出し、人生を充実させることができるようにしてくれるのです。

第 5 章

確実に不労所得を手に入れるアプローチ

1 会社員が目指す最適な不労所得

1-1 不労所得をつくるために必要なこと

会社員が年収と同等か、それ以上の不労所得をつくるという前提で、具体的な方法を考えてみましょう。この際、「月に10万円でも稼げたらいい」というレベルの不労所得は除外します。

❶再現性があり、実行可能であること

特殊な才能が必要であるとか、運に任せるような手法ではいけません。誰がやっても結果が同じようになるような、再現性のある手法でなければいけません。

❷いかに自分の時間を使わないか

自分の時間をなるべく使わないで不労所得をつくり出そうとすることは、非常に重要な考え方のひとつです。会社での勤務時間以外に、不労所得をつくる時間や作業が長期間かつ長時間にわたるようでは、早々に断念しそうです。不労所得をつくるためには、つくり出すまでの期間や手間が必要だとはいえ、そのために多大な労力がかかるようでは、本末転倒となります。

❸目標とする金額に達する期間は10年以内

給料と同じくらいの不労所得を獲得するのに要する期間も考えなければなりません。その期間が20年から30年くらいかかるとしたら、経済状況や社会の仕組みや環境なども大きく変わっている可能性が高いです。そのため、最長でも10年で達成できるような計画でなければなりません。

1-2 どの不労所得が会社員にとって最適か？

会社員が着手できそうな不労所得の方法のうち、代表的な以下の4つについて考えてみます。

❶オンラインビジネス
❷株式投資
❸投資信託
❹不動産投資

❶オンラインビジネス

インターネットを通じて不労所得を得られます。オンラインビジネスとは、インターネットを介してのビジネスです。これには、商品やサービスの販売、ＹｏｕＴｕｂｅなどでの情報の提供、ソフトウェアやアプリケーションの配信、コンサルティングやトレーニングの提供などが含まれます。

オンラインビジネスは、インターネットの普及とともに急速に成長し、従来のビジネスと同様に多種多様なビジネスモデルのことです。具体例を挙げると、電子商取引（ＥＣ）による製品販売、広告収入によるウェブサイトの運営、オンラインマーケティングによる商品やサービスのプロモーション、フリーランスの仕事のオンラインマッチングプラットフォームなどです。

オンラインビジネスは、参入者の多さが競争を激しくしています。技術の進歩が極めて速いため、常にアップデートを必要とします。インターネット上には、競合が多く存在するため、オンラインビジネスを長期的に成功させるためには、他社との差別化が必要です。また、オンラインビジネスにおいては、常に最新技術を取り入れなければなりません。例えば、ＳＥＯやマーケティング、ＡＩの活用など、常に新しいトレンドが生まれています。

オンラインビジネスにおいて、年収３００万円以上を稼いでいる層の割合は、おおよそ次の通りです。ただし、具体的な業種やビジネスモデル、個人の実力や努力次第で異なります。

◎アフィリエイトサイト運営者……約10%
◎プログラマー……約30%
◎フリーランスのライター・コピーライター……約30%

なかなか会社員がゼロから参入するのは、難しいようです。

また、年収1000万円以上を稼いでいる人の割合は、正確な数字は公表されていませんが、比較的少数派のようです。なぜなら、年収1000万円以上を稼ぐには、高いスキルや専門知識が必要であり、それを活かすための事業やビジネスを確立することが必要であるためです。例えば、ECサイトの運営、YouTubeチャンネルの運営、プログラミング・ウェブデザインなど。フリーランスで1000万円以上の年収を上げている人たちもいます。

オンラインビジネスには、低いスタートアップコストや世界中の顧客にアクセスできる可能性があるというメリットがあるため、多くの人々が参入しています。そのため、競合が多く、同じ市場で同じ製品やサービスを提供することが一般的です。

競争が激しいということは、市場に浸透するために多くの時間や労力を費やさなければならないということです。また、競合他社が同じ商品やサービスを提供している場合、価格競争に巻き込まれることもあります。競争が激しい業界であるため、消費者に対する差別化を第一に考えなければなりません。

しかし、オンラインビジネスでも、競合他社と差別化を図ることができます。それは、独自の特徴やトレンドの先取り、顧客ニーズに合わせたサービスを提供することです。加えて、オンラインビジネスでは、海外市場にアクセスが容易なため、国内にとどまらず海外市場に参入することもできます。オンラインビジネスには多くの競合が存在するため、市場に浸透するためには時間や労力を費やす必要があります。しかし、独自の特徴やアイデアがあり、顧客ニーズに合わせたサービスを提供できれば、競争に勝ち残れるかもしれません。

【結論】

短期的に成功する可能性はあります。ただし、特殊な技術と多大な時間と努力が必要です。再現性があるとは言えません。結論的にはおすすめしません。

❷株式投資

株式投資で確実に毎年、給料並の不労所得を得られるかどうかは、投資する株式や投資スタイルによって異なります。株式投資は投資先の価格変動によってリターンが大きく変わるため、確実な収益を得られるかどうかは保証されていません。リスクが高い投資になります。

ただし、過去の株価変動を参考にすると、20年から30年くらいの長期的には株式投資によって資産形成ができるといえます。リスクとリターンは常にトレードオフの関係にあるため、リターンが高い反面、リスクも高いのです。

したがって、株式投資で給料並の不労所得を得るためには、適切な投資先を選び、リスクマネジメントをしっかりと行わなければなりません。また、投資先の選択や投資スタイルの選択には、専門的な知識や経験が必要となるため、自己流で行うのは危険。投資に関する知識や情報を十分に収集し、投資プランを策定することが必要です。

また、株式投資によって不労所得を得るためには、十分な資産が必要です。投資する資金が少ない場合、リターンが低くなるため、投資先を選ぶ際には、自分の資産状況に合わせた投資先を選びましょう。

総じて、株式投資で確実に毎年給料並の不労所得を得られるかどうかは、投資先や投資スタイル、投資資金などによって異なります。株式投資にはリスクが伴うため、十分な知識や情報を収集し、慎重に投資を行うことが必要です。

日本の株式市場においては、個人投資家が多数を占めています。日本取引所グループによると、２０２１年3月末時点の株式保有者数は５９９９万人で、うち個人投資家は５７９９万人となっています。保有者数では、個人投資家が圧倒的に多いのが日本での特徴です。

ただし、株式保有比率でいえば、機関投資家や外国投資家の割合は、圧倒的に高くなります。機関投資家には、年金基金や投資信託、ヘッジファンド、保険会社などが含まれます。機関投資家の保有株式比率は、上場企業全体の約35％程度。また、外国投資家による日本株の保有比率は、時期によって変動します。２０２１年9月時点では、ＴＯＰＩＸ（東証株価指数）全体で約30％程度。つまり、株式市場はプロ集団が仕切っている市場なのです。

【結論】

個人で成功する可能性は、高くありません。プロに匹敵する能力が必要です。プロでも損失

を大きく出す世界でもあるからです。

❸投資信託

少し前に、定年退職後の生活に必要な資金が約2000万円必要だと大騒ぎになりました。さて、投資信託で4％の利回り、毎月の積立が5万円だとして、2000万円を積み立てるのに必要な年数はどれくらいでしょうか？

結論、22年。投資信託で4％の利回り、毎月の積立が5万円だとして、2000万円を積み立てるには、約22年の期間が必要です。22年後には、2111万612円になります。

投資信託はあくまでも投資ですから、リスクもあります。これからも成長するであろう世界経済全体に投資をしていくのであれば、プラスになる可能性は高いでしょう。

しかし、非常に長い期間を要することから、会社員が目指す不労所得生活に投資信託は不向きと考えます。また、年500万円の不労所得を4％の投資信託から得ようとすると、資金は1億2500万円必要です。投資信託は、利回りも元本も補償されていないため、マイナスになることもあります。

【結論】
そもそも時間がかかりすぎるのでＮＧです。給料と同額の不労所得を得るのには不向きです。

❹不動産投資

会社員が行う不動産投資は、個人の状況や投資目的、投資手法、リスク許容度などによって異なります。一般的には、不動産投資は、長期的な視野で安定的な収益を得られる可能性があるため、資産形成として有効な手段のひとつといえます。

メリットとしては、不動産投資は家賃収入を得られるため、安定的な収入になるということがあります。また、不動産は、場所によっては長期的に見ると価格が上がる傾向にあるため、投資後に資産価値が増加するかもしれません。住宅地の平均価格は、バブル期の１９９１年(平成3年)頃をピークに下落、近年は緩やかな上昇傾向を描いています。不動産価格の上昇傾向は、地域によっても異なります。例えば、東京都内のおおよその地域では、２０２２年に入ってからも価格が上昇しているため、リーマンショックがあった2008年と比較すると価格上昇率がより高くなっている地域です。そして、不動産の取得に銀行融資を使った場合にも時間の経過は有利に働きます。返済が進めば、売却時の利益が大きくなるからです。

会社員が収益不動産で家賃収入を得ることになっても、収益不動産を管理するのに大きな手間や時間はかかりません。それは、管理をすべて管理会社にアウトソーシングできるからです。会社員にとっては、理想的な不労所得といえます。

不動産投資の最大のメリットといえるのが、銀行融資を受けられること。自己資金がそれほどなくても、属性によりますが数億円規模の資産を手に入れることは可能です。

短期的にも、優良な物件を手に入れさえすれば、不労所得は購入した瞬間から発生します。また、価格が上がったら売却して売却益を取ることもできます。

不動産投資は、成功事例を踏襲できるため非常に再現性の高い投資です。しかも、多くの収益不動産のオーナーは年齢の高い方が多く、株式市場に比べるとライバルとしては強くありません。

不動産投資を行っている世帯は140万世帯あり、総世帯数（4900万）で割ると約2・

８％の世帯が不動産投資を行っています（総務省「平成30年住宅・土地統計調査」より）。
そして、この調査で判明したことは不動産投資をしている年齢は65歳以上が57・５％と、過半数でした。不動産投資とはいいますが、その内実は１室のマンションや駐車場だったりと、さまざまです。不動産投資をしていると答えた方の多くは、高齢で自宅を貸し出して高齢者住宅に住んでいる方も多いようです。高齢者の多くは、情報弱者だったりパソコンやウェブの活用ができない方も多くいます。株式投資に比べて、圧倒的にプロが少ない市場といえます。

【結論】

不動産投資は、会社員が給料と同等以上の不労所得を得る可能性が最も高い投資です。参入障壁が高いことは難点ですが、逆にそれを乗り越えれば参入者が少ないため利点となります。

2 成功者に学ぶ

2-1 成功者のお金に対する考えを学ぶ

ウォーレン・バフェットは、「成功者に学ぶことは、人生をより良くするための最良の方法のひとつです」と述べています。

成功者や富裕層はどのようにして資産を築いたのでしょうか？

トマス・J・スタンリーの著書『となりの億万長者　［新版］成功を生む7つの法則』（早川書房）では、億万長者とはどのような人たちなのかを詳しく知ることができます。

この書籍で定義している億万長者とは、100万ドル（日本円でおよそ1億3000万円）

以上の純資産を持つ人々のことです。

詳しくは本を読んでいただければと思いますが、以下の７つの法則が億万長者の多くに共通すると述べています。

❶収入よりはるかに低い支出で生活する
❷資産形成のために、時間、エネルギー、金を効率よく配分している
❸お金の心配をしないですむことのほうが、世間体を取り繕うよりもずっと大切だと考える
❹社会人となった後、親からの経済的な援助を受けていない
❺億万長者の子供たちは、経済的に自立している
❻ビジネス・チャンスをつかむのが上手だ
❼ぴったりの職業を選んでいる

アメリカにおける研究ですが、思いのほかアメリカ人の億万長者は堅実な生活をしているようです。

お金の成功者になろうとすれば、成功者のお金に対する考えを学ぶべきです。

2-2 もっとも重要な5つの言葉

ロバート・キヨサキは著書『金持ち父さん貧乏父さん』のなかで、

「お金の言語で特に重要な資産と負債の違いを理解しなければ、支払う代償は大きい。資産は、働いていようがいまいが、あなたのポケットにお金を入れてくれる。負債は、たとえ価値が上昇するとしても、あなたのポケットからお金をとっていく」

と繰り返し述べています。

まずは、お金の言語を覚えないといけません。

お金持ちの言葉で最も重要な5つの言葉を理解しましょう。

❶収入

入ってくるお金のことです。給与、事業収入、投資収益など、さまざまな形で得られます。収入を増やすことによって、投資や貯蓄にお金を回します。

❷支出

お金を使うことです。食費、住居費、趣味、交通費など、日々の生活に必要な支出や娯楽に使います。不要な支出を抑えることが必要です。

❸資産

資産とはお金を生み出すものです。不動産、投資、預金、貯蓄などが資産になります。資産を増やすことが最も重要です。

❹負債

人々が借金などで支払うべきお金です。住宅ローン、クレジットカードの借入、車のローンやリースなどが負債になります。お金を生まない自宅も当然負債となります。

❺キャッシュフロー

収入と支出の差額です。キャッシュフローがプラスであれば、収支バランスが取れていることになります。キャッシュフローがマイナスであれば、支出が収入を上回っていることになり、借金が増えます。

3 投資の資金のつくり方

3-1 お金を貯める

総務省の家計調査（2020年）によると、勤労者世帯実収入平均は月52万9956円。そこから、社会保険料や税金などをひいた可処分所得（実質上の手取り額）は43万1992円となっています。

預貯金（増額分）の平均は13万8454円で、貯蓄率（預貯金÷可処分所得×100）は、32・1％。手取り収入の3割近くを貯蓄している姿がうかがえます。とはいっても、貯めやすい年齢、貯めにくい世代があります。50代、60代と年齢が上がるにつれて貯蓄額も上がる傾向です。30代、40代では自宅や車のローンも家計に大きくのしかかってきます。

固定費を減らしていきましょう。見直すべきは、住居費、光熱費、通信費、保険、サブスクリプション、車のローンや駐車場代です。支出が削減できたら、それは収入が増えたのと同じです。

例えば、不動産投資をするのであれば、とりあえず500万円を目標に貯めましょう。500万円の根拠ですが、会社員が不動産投資をして5000万円の1棟マンションを購入するのに必要な資金です。5000万円の不動産をフルローンで購入する場合、税金や仲介手数料などの経費に350～400万円ほどかかってきます。残りの100～150万円は、突発的な修繕などの予期せぬ出費に備えるお金です。

将来の不労所得をつくるために、資金を貯めておきましょう。

3-2 収入を増やす

収入を増やす目的は、不労所得を得るための貯金です。不労所得をつくるためにも、収入を増やして貯金しましょう。

具体的に収入を増やす方法を以下に3つ、ご紹介します。

❶昇進する

昇進すれば、給料は上がるはずです。とはいえ、昇進は自分で決められません。短期的に昇進できる環境であれば、目指してもいいと思います。

❷転職する

年収が上がるような会社、業界を狙いましょう。就職は縁です。日頃からいい転職先がないか、いい情報がないか常にアンテナを張っておくべきです。複数の転職サイトに登録しておきましょう。また、面接に向けて事前にしっかり対策しておきましょう。

❸副業

短期的なアルバイト、ＩＴが得意であればアフィリエイト、サイト運営などもいいかもしれません。また、メルカリなどでの物販もいいでしょう。

3-3 裏技的な方法

もし、確実にお金を生み出す5000万円の収益不動産が目の前にあったとしたら、どうしますか？　「お金がない」とあきらめますか？　あなたに銀行は「融資をする」と言っています。しかし、不動産を購入するための350万円の初期費用がありません。そのようなときはどうするか？

身内に短期的にお金を借りるのも、ありかもしれません。

親に事情を話して、親の協力が得られるのであれば、初期費用が借りられます。あなたは350万円の負債を抱えますが、5000万円の資産を手に入れます。

チャレンジしてもいい方法だと思いませんか？　しかし、くれぐれも親子関係を悪化させないように、返済計画書をつくって確実に返すようにしましょう。

4 平凡な会社員でも給料と同じくらいの不労所得は可能

4－1 再現性がある投資とは

すでに説明してきましたが、会社員がやるべき投資は不動産投資です。**それは、誰がやっても同じような結果になるからです**。物件次第でよい結果にも、悪い結果にもなります。不動産投資の成否に大きく関係しているのは、物件の価格です。不動産は、実は株式と違って、市場価格というものがありません。不動産は売買する当事者で価格を決めるのです。

ネットで収益物件を検索すると、価格が表示されています。ただし、ネットで出ている価格は、あくまでも売主側の希望価格です。最終的には、購入側との交渉で最終的な価格が決められるのです。

不動産投資を成功させるには、いかに物件を安く購入できるかどうかにかかっています。不動産の価格は、株式などと比較して、価格変動がゆるやかです。２００８年に発生したリーマンショック時の東証株価指数の６ヶ月間の下落率は39％でした。対して不動産価格の下落率は２０１０年で７・３％だったので、価格変動は緩やかといえます。**価格が安定しているため、不動産投資で成功している手法を踏襲すれば、結果がほぼ同じになるのです。**

成功している手法とは、優良物件の選別のやり方、高入居率を維持する賃貸経営、税金対策、物件を高く売却する方法など。これらはすべて成功者から学べます。

4-2 収益が大きくプラスになる不動産を入手する

収益を生み出す不動産とは、以下の主に2つの条件があります。

❶空室になったときに、次の入居者を決められる

❷キャッシュが残る物件を購入できている

この2つの条件を満たすだけで、不動産投資はほぼ成功です。

とはいえ、この条件のハードルが高いのが難点です。参入障壁が高いために、不動産投資をしたくても、多くの人が投資をする前に壁を見上げて去って行くのです。

❶の「次の入居者を入れる」ということは、適切なリフォームと適正な家賃設定、仲介会社への周知をしなければなりません。入居者を確保できるかというのは、物件近隣の不動産仲介店に出向いて行き、実際にヒアリングすることでわかります。ヒアリングする内容は「入居が決まる家賃はいくらか」「必要な設備はなにか」「物件の競合の多寡」「平均的な入居期間」「近隣とのトラブルの有無」といったことなど。**最も重要な点は、適正なリフォームをして、相場と同等の家賃設定で入居が決まるかどうか、ということです**。決まらないというのであれば、相場よりも少し下げたらどうかと聞きます。それでも入居者が決まらないという話であれば、その物件にはニーズがないので、買わなければいいのです。

❷の「キャッシュが残る物件」を入手するためには、収益計算をしてキャッシュが残る物件を

選別します。その上で価格交渉をして購入することです。**都心部の人気エリアを避けて、比較的郊外で地価の安いエリアで探すことをおすすめします**。ただし、郊外に行けば住居ニーズも低下するため、現地でのヒアリングをしっかり行いましょう。優良物件の選別方法は、拙著『FIREできる不動産投資3つのルール』で詳しく説明しています。

4-3 収益不動産の購入と維持を繰り返す

「成功は、準備がチャンスに出会ったときに起こるものである」

発明家であるトーマス・エジソンが言った言葉です。成功には準備が必要であり、チャンスに出会った時に備えておくことが大切だと言ったのです。

優良物件は、めったに出てきません。**それが出たときのための準備をしておき、ライバル投資家よりも先んじて行動することが肝心です**。

物件の購入を進めていくと、購入のスピードが上がっていきます。最初の1つ目を購入するのが、一番の難所です。物件を購入して、物件に入居者を入れる。それをひたすら繰り返すだけで、年収を超える不労所得ができあがります。

例えば、物件からのキャッシュフローが年間１００万円だったとします。物件の価格は、家賃収入、築年数で変わるため確定できませんが、およそ３０００万円から５０００万円の価格帯になると思われます。現金で買える価格ではないので、銀行から融資を受ける必要があります。**そのため、優良物件の情報をつかんだら、直ちに銀行に融資の打診をするようにしましょう。**不動産投資に積極的な銀行の情報を事前にキャッチしておきましょう。ほとんどの銀行は、賃貸経営をしていない会社員には融資をしませんので。

上手くやれたら、あとは同じような作業（投資）を繰り返すだけです。

４－４　不動産投資の成功事例

不動産投資は、お金を得るためのひとつの方法です。以下に、実際に不動産投資によって不労所得を手に入れた、具体的な成功事例をいくつか紹介いたします。

❶区分マンション

不動産投資家のAさんは、地方都市の住宅街に400万円の区分マンションを現金で購入し、家賃収入によって不労所得を得ています。Aさんは、区分マンションの買い付け価格を低く抑え、家賃を適正に設定することで、毎月6万円の収入を得ました。また、入居者の管理や修繕などの作業は自分で行い、コストを省いています。

❷1棟マンション

不動産投資家のBさんは、1億円の1棟マンションを銀行の融資で購入し、不労所得を得ています。Bさんの物件の家賃収入は年間1000万円、銀行返済後の税引き前のキャッシュフローは250万円です。Bさんの目標は、1棟マンションを複数購入してキャッシュフローを1000万円にすることです。

成功事例は、儲かっている大家さんから直接聞くとよいでしょう。そのためには、積極的に勉強会やセミナーに参加してみてください。さまざまなアドバイスが聞けるはずです。

第6章

会社員でもはじめられる！
不動産投資で
不労所得を手に入れる方法

1 再現性のある不動産投資

1-1 誰でもできて、何度でも繰り返せる投資

会社員がやるべき再現性のある最適な投資は、不動産投資です。

不動産投資とは、お金を出してマンションやアパートなどの建物を買い、賃貸してお金を稼ぐことです。建物を買うときにかかったお金は、家賃収入で回収します。

不動産投資には、株式投資など他の投資方法とは異なる魅力があります。例えば、「安定したキャッシュフローを得られること」「資産価値が上がること」「税金優遇措置があること」などです。しかし、それだけで不動産投資が成功するわけではありません。いかに物件を安く

手に入れるか、手に入れた後どのように満室経営を続けるのかということが重要です。**物件を購入して貸し出しをするというビジネスモデルは、誰でもできます。そして、何度でも繰り返せるのです**。

前作の拙著『ＦＩＲＥできる不動産投資３つのルール』では、詳しく再現性の高い不動産投資の極意を説明しています。よろしければ参考にしてみてください。

1－2 会社員でもチャレンジできる投資

不動産投資は、一見すると難しそうに思えるかもしれませんが、実は誰でもはじめられる投資方法です。しかも、再現性の高い手法を身につけることで、安定的な収益を生み出すことが可能となります。そのため、会社員であっても自分の資産を増やすために取り組む価値があるのです。

ただし、成功するためには、物件選びや資金計画、運用方法など、さまざまな要素に注意を払う必要があります。特に、物件の立地や周辺環境、建物の状態、家賃相場などを把握して、的確な判断が求められます。これらのポイントを押さえ、効率的な運用を行うことが、再現性のある不動産投資の秘訣となるのです。

また、不動産投資では、物件の管理やメンテナンスも重要な要素です。入居者に満足してもらうことで、長期的な賃貸経営が可能になり、安定した収益を確保できます。そのため、物件選びだけでなく、アフターケアにも力を入れることが大切です。

以上のポイントを踏まえ、**会社員であっても不動産投資にチャレンジすることは、資産形成の一環として非常に有益です**。初心者から上級者まで、幅広い投資家が取り組める再現性のある不動産投資で、将来の安定したキャッシュフローを確立しましょう。そして、経済的自由を手に入れるために、日々学び続けることが大切です。

2 誰でも収益不動産オーナーになれる

2-1 収益不動産を所有する最大のメリット＝不労所得

収益不動産を所有し、安定した不労所得を得る資産形成は、多くの人々に注目されはじめていますが、高額な資金や投資に関する知識を持っていることが前提だと、一般的には思われています。**しかし実際には、誰でも投資のポイントさえ押さえれば、収益不動産オーナーになれるのです**。以下にその理由を説明します。

まず、収益不動産の所有に必要な資金について。収益不動産を手に入れるには、購入する物件の価格に応じて、多額の資金が必要になると思われがちです。**しかし、自己資金がそれほ**

どなくても、銀行の融資を活用することで購入できます。築古戸建てなら、融資を受けなくても少額の資金で投資が可能です。これらの方法を活用すれば、誰でも収益不動産を手に入れられます。

次に、収益不動産を所有するために必要な知識や経験について。収益不動産を所有するためには、**不動産投資に関する深い知識や経験が必要だと思われがちですが、必ずしもそうではありません。不動産投資に関する基礎的な知識や情報は、書籍やインターネット、各団体が主催している勉強会やセミナーなどで手軽に入手できます**。勉強会やセミナーに参加して、先輩投資家とつながることで、アドバイスももらえるようになります。また、物件管理や入居者対応についても、管理会社に依頼することで問題や課題を解決しやすくなるのです。これらの手段を活用すれば、誰でも収益不動産を所有し、不労所得をつくり出せます。

収益不動産を所有する最大のメリットは不労所得です。収益不動産を所有することで、安定した不労所得が得られます。不動産投資は、株式やFXといった金融商品と比較してリスクが低いとされています。さらに、不動産市場は長期的に見れば、株式市場と同様に上昇傾向にあるとされているため、資産価値の保全にもつながるのです。

2-2 成功事例：主婦A子さんの事例

専業主婦でも不動産オーナーになって不労所得を得られた事例をご紹介します。

主婦A子さんは、不動産投資初心者ですが、利回り18%の戸建て物件を現金で購入しました。物件の価格は400万円であり、賃貸収入は年間72万円になる見込みです。家賃の設定は、近隣の不動産仲介会社へのヒアリングから家賃6万円と決めました。

この物件は、地元の住宅地に位置しており、周辺には商業施設や学校があります。また、物件自体は築年数は38年と古いものの、建物自体に問題はありませんでした。適切なリフォームをして、設備も新しいものに替えたため、すぐに入居者が見つかりました。

また、現金での購入なので、ローンの返済による金利の負担はありません。物件にかかる費用を抑え、収益の最大化を図れたのです。次の物件は、銀行融資を使って買うことを計画しています。

3 収益不動産オーナーになることの大きなメリット

3-1 メリット❶ ほとんど手間がかからない

不動産投資は、完全なる不労所得ではありませんが、ほぼそれに近いと言えます。物件を買ってから自分で管理するとなれば自身の時間と労力を使わなければなりませんが、自分でやらなくても物件を管理する雑多な業務は管理会社に丸投げすることができます。不動産投資に費やす時間と労力は、会社での仕事に費やす時間と労力の1／10、いや、1／100で済むかもしれません。

物件を探すことは、ネットを使えばいつでもできます。修繕も内装会社がやってくれるため、物件の現場に行って何か作業や立ち会いをする必要はありません。投資のサイクルは長いですし、株式のようなチャートを見る必要もありません。

3-2 メリット❷ 景気に左右されにくい

不景気に左右されにくいのが不動産投資。適切な修繕と付加価値をつけたリノベーションで家賃を上げることも可能です。わたしの場合、コロナ禍でも空室を埋める対策と対応をしたため、収入を減らすことはありませんでした。

ただし、物件を買う際には融資状況が物件価格に影響するので注意が必要です。収益性の低い物件を買うことは避け、優良物件のみを買うようにしましょう。

3-3 メリット❸ 時間の経過が有利に働く

不動産投資において、時間が有利に働く理由は2つあります。

1つ目は、毎月の家賃収入が入ることで、銀行口座にキャッシュが積み上がり、FIREに近づくことです。そして、銀行返済が終わった時点で物件からの収入は激増すると同時に、大きな資産が手に入ります。

2つ目は、融資残高が減ることで、返済リスクを減らし、新たに銀行に借り入れることのできる枠が空くことです。融資期間は短い場合で10年、長い場合で30年です。時間が経過することは、優良物件に出会うチャンスが増えるということです。所有物件を増やしていけば、収入も増えていきます。ただし、2022年時点では投資に値する物件が少なくなっています。しかし、行動すればチャンスは巡ってくるでしょう。時間の経過は、優良物件に出会うチャンスを増やします。巡ってきたチャンスをつかみ、所有物件を複数持つことで、将来の年金問題に悩まされることもなくなるのです。

3-4 メリット❹ 不動産市場のサイクルは緩やか

収益不動産は、市場の変動に強いという点が挙げられます。株式などの金融商品と比較して、不動産市場の変動は緩やかです。そのため、収益不動産は比較的安定した投資先となります。

3-5 メリット❺ 入手した瞬間から収益が入る

収益不動産を取得した瞬間から所得が激増するという点が挙げられます。これは、積立型の投資にはないメリットです。収益不動産を所有すると、その瞬間から賃貸収入を得られるのです。

3-6 メリット❻ 税金対策になる

不動産投資において、物件の耐用年数に応じて減価償却費を計上できます。また、経費として認められる費用があります。物件の管理にかかる費用や銀行の利息、物件納入に際しての費用などは、経費計上が可能です。飲食代なども交際費として経費計上できます。所得税や法人税の納税額を減らせるのです。

3－7　メリット❼　ライバルは強くない

株式などの投資市場にはプロによる競争があります。この市場で素人がプロに勝つことは難しいでしょう。しかし、不動産投資市場は違います。収益不動産のオーナーのほとんどが高齢者の専門家ではない人たちです。ライバルのほとんどはプロではありません。

4 不動産投資の勉強を始めよう

4-1 賃貸経営者であり投資家

不動産投資をする人は、賃貸経営者であり、投資家であると言えます。これは、不動産投資においては、物件を購入することでの投資家の側面と、満室に導くための不動産経営を行う経営者の側面があるということです

不動産投資において、物件を所有することで得られる収益は、賃貸料収入によるものが主です。物件の入居者管理や修繕管理、賃料設定など、賃貸経営者としてのスキルが必要です。

また、物件の収益性を高めるためには、不動産市場のトレンドや、地域の需要・供給バランスな

どの市場分析にも気を配らなければなりません。

一方、不動産投資においては、物件に対して投資することになるため、投資家としての視点も必要となります。物件の選定においては、キャッシュフローを重視した物件の選別、将来的な市場の見通しや、物件のリスクや収益性の確保を考慮しなければなりません。また、物件の購入にあたっては、融資の交渉や売買での価格交渉など、投資家としてのスキルも大切です。

以上のように、**不動産投資においては、賃貸経営者としてのスキルと投資家としてのスキルが両方必要となります**。物件の選定や管理、資金調達など、多岐にわたるスキルが必要です。

不動産投資を行う場合は、幅広い情報収集と積極的な行動力が重要となります。

4-2 大きなレバレッジを生み出す銀行融資

不動産投資においては、物件の価格に対して自己資金で全額を購入することは難しいため、銀行融資を活用することが一般的です。銀行融資によって、自己資金の少ない人でも多額の資金を調達できるため、投資規模を大きくすることができます。これによって、投資収益率が上がり、大きなレバレッジを生み出せるのです。

ただし、銀行融資を活用する場合は、返済能力や信用力などに関して、金融機関から確定申告書や源泉徴収票などの資料が要求されます。また、金利や返済期間などの条件も考慮しましょう。これらの条件をしっかりと把握した上で、融資の契約をすることが重要です。

銀行融資の難しさも頭に入れておいてください。**まずは不動産投資に積極的な金融機関を見つけることが必要です**。不動産投資においては、会社員に不動産投資で融資をする銀行は、限られています。融資が可能な金融機関を探し出して、コンタクトしましょう。銀行融資を受けるには、複数の金融機関に打診しましょう。ほとんどの金融機関に融資を断られますが、あきらめないでください。会社員でも融資を受けられる可能性はあります。ただ、この作業は非常に時間と労力を要するため、行動力が必要です。

不動産投資において、融資を打診するおすすめの金融機関は、地方銀行、信用金庫などが挙げられます。これらの金融機関は、不動産投資に精通しており、融資条件や金利面で優れたところが多いです。また、ネットバンクなどの新しいタイプの金融機関も登場しています。これらの金融機関は、手続きが簡単で返済条件も柔軟ですが、融資限度額が低く金利も高いので、今の段階ではおすすめできません。

4-3　不動産投資に特別な資格は必要か

不動産投資をはじめたいと考えている方は、宅建や不動産関連の資格を取得する必要があるのかと思われているかもしれません。**結論を言うと、不動産投資において、特別な資格は必要ありません。**

もちろん、ないよりあったほうがいいとは思いますが、宅建の勉強をするくらいなら、1棟買うための努力をしたほうが効果的です。不動産投資においては、資格を取得することが必ずしも投資の成功につながるわけではありません。

不動産投資では市場の動向や物件の選定、資金計画など、多岐にわたる知識や経験が必要。投資家自身が学び、経験を積み重ねることが不可欠です。つまり、特別な資格は必要なく、自己投資や経験を通じて不動産投資について学び、実践することが成功につながるのです。

4-4 勉強会に参加しよう

不動産投資の成否を左右するのは、情報です。優良物件に関する情報、金融機関に関する情報、賃貸経営に関する情報などは特に重要です。それらの真に有益な情報の多くはネット上では見つけられません。**地域の勉強会のコミュニティやセミナーに参加して人脈を広げていくことによって、有益な情報が集まりだします**。

わたしからすれば、不動産投資のコミュニティ（勉強会）などに参加しないでやっている場合、成功はかなり難しいと言わざるを得ません。成功している大家さんの多くは、なんらかのコミュニティに属しています。

わたしの主催する「大家さん学びの会®名古屋」でも、ＦＩＲＥできるまでの給料と同じ規模の不労所得をつくるためのノウハウを教えています。ご興味があれば、巻末にリンク先を載せておきますのでアクセスしてみてください（「大家さん学びの会®名古屋」は、２０２３年４月に立ち上がったコミュニティですが、「大家さん学びの会」自体は、北海道から九州までいくつかの拠点がある、日本でも最大級の勉強会です）。

5 不動産投資リスクへの対応

5-1 不動産投資リスクの5つのパターン

投資には、そもそもリスクがつきものです。リスクがあるからといって、行動しなければ現状と何も変わりません。不動産投資のリスクはおよそパターンがあります。そのリスクをあらかじめ把握しておき、問題が発生したときに正しい対処を行えば、恐れることはありません。

❶競合リスク

不動産投資家や大家業はライバルのようで、必ずしもライバルではありません。それは、個々の属性や地域性が関係しているためです。**そして、そもそも不動産投資をしている人口自体が多くないのです**。不動産投資をしている世帯数は約１４０万世帯で、日本の世帯数全体の約２・８％に過ぎません。不動産投資をしている人の多くは65歳以上の高齢者で、投資のプロではありません。一方、株式投資人口は約２７００万人で、20歳以上人口の26％に相当します。不動産投資用物件不動産投資をネット上で探している人の人数は、収益物件情報サイトの登録者で把握できます。

２０２２年の情報サイトの登録者数は、大手サイトの「健美家」で約10万人、「楽待」で約20万人です。不動産投資の専門的な知識とノウハウを持つことで、成功する可能性が高まると思われます。不動産投資の専門的な知識とノウハウを手にすることで、ほぼ素人と言える高齢者の大家業の方々には負けないようになります。それには、常に不動産投資を取り巻く状況や市況などの情報のアップデートを絶やさないようにすることです。

❷災害リスク

不動産投資における災害リスクと対応策は、火災保険の活用です。

火災保険は不動産投資において最も基本的な保険です。火災だけでなく破損、落雷、水漏れなどの被害に対しても保障してくれます。ただし、火災保険単体では地震などの自然災害には対応できません。そのため、地震保険にも加入することをおすすめします。また、台風や豪雨などによる水害に備えて、水災保険にも加入できます。適正な保険の選択と加入により、不動産投資におけるリスクを最小限に抑えましょう。

❸空室リスク

空室リスクに備えるためにできることは、以下の通りです。

- ◎適正なリフォームを行う
- ◎適正な家賃設定を行う
- ◎優秀な不動産管理会社に委託する
- ◎複数の不動産を所有する

これらの対策を講じることで、空室リスクを最小限に抑えられます。リフォームや設備の充実など、物件の魅力を高めることで、入居希望者を増やせます。**ただし、空室リスクを完全にゼロにすることはできません**。そのため、もし空室が発生した場合に備えて、積極的に入居希望者を募集することも大切です。

保有する物件数が多ければそれだけ部屋数も多くなり、空室が発生したときの空室率が下げられます。区分所有1室だと、空室が出たら空室率は100％ですが、100室保有している場合、空室が5室あっても空室率は5％です。区分所有は要注意。

なお、不動産投資におけるリスクを最小限に抑えるためには、物件の選定にも注意が必要です。地域や立地条件、周辺環境などを調べ、需要がある物件を選びましょう。また、収益性を重視するあまり、物件の状態や老朽化などを見過ごさないようにすることも大切です。

❹入居者リスク

入居者リスクとして、滞納や近隣トラブルは避けられない問題のひとつです。物件を自己管理する場合、これらの問題に対処するために自己責任で解決する必要があります。**しかし、**

管理会社に委託することで、これらの問題に対処する負担を軽減できるのです。

具体的には、管理会社には賃料の徴収やトラブルの解決などの業務を任せます。また、管理会社は法律や契約に精通しており、適切な手続きを行えます。このため、自己管理の場合に比べて、トラブル解決のスピードや正確性が向上するのです。

ただし、管理会社に任せることで、費用がかかります。トラブルが発生した場合でもすべてにおいて完全に解決できるわけではないことに注意が必要です。また、管理会社を選ぶ際には、信頼性や実績などを十分に確認することが重要です。

以上のことから、不動産投資において滞納や近隣トラブルに遭遇した場合には、管理会社に任せることが有効な手段のひとつといえます。

❺金利上昇リスク

数年で大幅に金利が上昇するとは思えませんが、長期的に金利が上昇するリスクはあります。このリスクを低減させる対策は4つです。

◎限界金利を把握する
金利がどこまで上昇したらキャッシュフローがゼロになるかあらかじめ把握しておく。つまり、キャッシュフローがゼロになる時点の金利を把握するのです。
◎固定金利にする
固定金利は金利が高いことや、固定金利を選べない金融機関もあるので、注意が必要です。
◎繰り上げ返済する
金利上昇によって返済比率が高くなった場合は、全額または一部を繰り上げ返済してリスクを回避します。
◎返済比率を50％以下にしておく
購入する時点で返済比率を50％以下にしておくことで金利上昇からの耐性が高くなります。

6 不動産投資で最も重要なこと

6－1 キャッシュフローに問題のない物件を選ぶ

不動産投資において、最も重要な点は、キャッシュフローに問題のない優良物件を選択することです。これはなぜでしょうか？

キャッシュフローに問題のない物件を選ぶことで、投資家は安定した収益を得られます。毎月の家賃収入が十分に支出を上回っている状態の維持が大切です。一方で、毎月の支出と収入の差があまりない物件を買ってしまうと、容易に赤字に陥る可能性があります。そのため、キャッシュフローが十分出る物件を選ぶことが非常に重要です。

また、キャッシュフローに問題のない物件を選ぶことで、将来的なリスクにも備えられます。例えば、空室が発生した場合や借入金利が上昇した場合にもキャッシュフローに問題のない物件であれば、赤字に陥ることを回避できるのです。一方で、キャッシュフローが悪い物件であれば、空室が多くなった場合に支払い不能に陥る可能性があります。

不動産投資においては、キャッシュフローに問題のない優良物件を選択することが最も重要なのです。

6-2 キャッシュフロー・シミュレーション

さらに、優良物件を選ぶためには、物件の状態や立地、周辺環境などを細かく調べる必要もあります。例えば、人口密度が高く入居率の安定しているエリアであったり、交通の便が良く生活に必要な施設が近くにあったり。そのような物件であれば、将来的な空室リスクは低くなります。

また、収益性だけを追求して物件を選ぶと、老朽化していたりして、修繕費が高くつく物件を選んでしまうことになりかねません。そのため、物件の状態や将来的な修繕費などにも備えなければなりません。収益性だけでなく、将来発生する費用なども考慮に入れて、総合的な判断をしましょう。

不動産投資で将来にわたって安定した収益を得るためには、リスク管理が非常に重要。第一には、キャッシュフローが十分見込める優良物件を選択することです。将来的なリスクがあるにせよ、十分なキャッシュフローがリスクを打ち消してくれるはずです。

これらのことを踏まえて、物件の選別に欠かせないのが、優良物件を選別するためには、キャッシュフローがいくらになるのかを計算できなければいけない、ということです。物件情報からおおよそのキャッシュフローをシミュレーション（計算）できるので、必ずキャッシュフローシミュレーションをできるようにしましょう。

どの程度のキャッシュフローがあれば大丈夫なのか？

この疑問に対して、物件選別できるルールを設けました。拙著『ＦＩＲＥできる不動産投資3つのルール』で詳しく、優良物件の選別方法を解説してあります。物件の選別が十分できないうちは、けっして不動産投資を行わないでください。

7 不動産投資でやってはいけないこと

7-1 収益性の低い物件を買ってしまう

収益性の低い物件と言えば、例えば新築区分マンションです。新築区分マンションは、一見すると魅力的です。しかし、実際には購入後にさまざまな問題が生じるかもしれません。

まず、新築区分マンションは新築プレミアム価格なので利回りが低い、という根本的な問題があります。さらに、新築区分マンションは競合が多く、場所によっては空室率が高いことも多いです。そのため、入居者を確保するために、他の物件との差別化が必要です。この差別化を図るためには、入居しやすいサービスの提供や付加価値のある設備を備えるなど、多大な費用が必要になることがあります。

ある程度年収の多い会社員は、新築区分マンションで銀行融資を受けられます。そのため、不動産業者が収益性の低い新築物件を「節税対策にもなります」などと勧めてくるのです。しかし、それを買ってしまっては、お金がほぼ残らない上に銀行の信用を毀損するため、次の投資の妨げにもなり得ます。

以上のような理由から、新築区分マンションを購入することは不動産投資において避けるべきです。

7-2 不動産会社で気をつけること

不動産会社と接する際、特に注意してほしいことが2点、あります。

❶ありえないスペックの要求

「築浅のRCで利回り15%以上の物件を探しています」というような現実的ではない要求

はやめましょう。不動産会社に欲しい物件のスペックを伝えるのは、「健美家」や「楽待」などのサイトで出ている利回りと、RCや鉄骨といった構造、築年数をチェックしてからです。**存在しないスペックで物件を探すのはやめましょう**。仮にそういう物件が出たとしたら、即座に不動産会社の内々で買われてしまいます。表に出ることはないと思ってください。

❷ファイナンスアレンジの依頼

「ファイナンスアレンジをお願いします」というのもやめましょう。このような要求をすると、**不動産会社からは「買えない人」だと思われ、いい情報が来なくなるかもしれません。不動産会社に聞くべきは、「最近、不動産に融資している銀行の情報はありますか？」ということです**。中には「ファイナンスアレンジできます」という不動産会社もありますが、ほとんどの不動産会社では対応できないことを覚えておきましょう。

8 不動産投資で10年以内にFIREする道筋

8-1 FIREできる2つのルート

FIREを実現する不動産投資法には、主に以下の2つのルートがあります。

❶融資1棟ルート

数千万円から2億円規模の1棟マンションを購入し、短期間に多額の収益を勝ち取るルートです。融資によって物件取得を繰り返せば、10年以内には会社員の年収を上回る収益が得られる可能性は高いです。

融資を受けるためには、不動産投資に積極的な金融機関を探す必要があります。金融機関の情報は、不動産投資セミナーなどで、先輩投資家さんたちから聞けるはずです。融資が出やすい金融機関の情報を積極的に取りに行きましょう。

❷現金戸建てルート

銀行融資が受けられない場合、築古の中古戸建てを現金で購入します。**中古戸建てを10戸以上取得すれば、金融機関によっては賃貸経営事業として実績を認められ、融資1棟ルートに乗り換えることも可能です**。中古戸建ては、築年数にこだわらず程度の良い激安物件を探し、価格交渉もして購入します。最近では、コロナ融資の資金を持っている個人や法人が多く、激安物件は激戦区です。それでも、程度の良い投資に値する戸建て物件はまだまだあります。戸建て賃貸は、アパートやマンションに比べて入居年数が長く、管理費が安いというメリットがあります。また、現金で購入しているため、返済リスクがありません。

9
不労所得を激増させる不動産投資の3つのステップ

9-1 物件情報収集、優良物件選別、融資

不動産投資の重要な3つのステップは、以下のとおりです。

❶物件情報を集める
❷優良物件を選別する
❸融資を受ける

優良物件が見つからなければ、不動産投資はできません。物件の情報収集を上手に行いましょう。**物件情報を集めるには、収益物件の掲載サイトをまめにチェックすることが大切です**。また、「買える人」であるかのように収益物件ポータルサイトに登録することをおすすめします。物件情報を仕入れる際には、相場を無視したスペックを要求したり、現地確認もしていないのに枝葉末節の情報をしつこく聞きたがるといった行動は、不動産会社に嫌われるため、避けたほうが賢明です。

優良物件を選別するには、物件のスペックが書かれた概要書と、家賃などの収入明細であるレントロールで選別できます。融資年数と利回りの関係がキーになります。利回りがよいだけでは、優良物件であるかどうかはわかりません。正しく収益計算ができるようにしましょう。

融資を受けることは、不動産投資で最もハードルが高いところです。投資に値する物件情報が出たら、金融機関に融資の打診をしましょう。**金融機関の開拓は職場の周辺や自宅周辺を中心に行います**。また、近隣都市で不動産投資に積極的な金融機関にも接触してください。金融機関の情報は、先輩投資家さんたちから聞けるでしょう。地元で開催されるセミナーや勉強会の懇親会にも参加しましょう。そこで貴重な情報やアドバイスを得られます。

豊かで自由な人生を手に入れるために、ぜひ不動産投資で不労所得をつくっていただきたいと思っています。

第 6 章 :
会社員でもはじめられる! 不動産投資で不労所得を手に入れる方法

おわりに

「恐れるな。失敗することを恐れるな。自分自身を信じろ」というジョージ・ワシントンの言葉は、自由な人生を手に入れるためのメッセージです。

わたしたちは、自分自身を信じ、失敗を恐れず、向き合うことが必要だと頭ではわかっていてもなかなか実行できません。成功するためには、自分の可能性を信じ、チャレンジすることが大切だとわかっていても、具体的にどうしたらよいのかわからないでいます。自由な人生を手に入れるためには、常に前向きに考え、自分自身を信じて進むことが重要だと、知っていても進むことがなかなかできないでいます。

変わらなければいけないと思っていても、現状維持でいいやと落ち着いてしまうのは、「現状維持バイアス」が働くからです。**「現状維持バイアス」とは、変化を受け入れたくない心理作用**

のことです。人は、本能的に変化を恐れます。「知らないことや経験したことがないことを受け入れたくない」という心理が働くのです。「やって失敗するより、何もしないほうがまし」と考えてしまうのです。

この現状維持バイアスが働くと、新しいことや変化を避け、既存の状況を維持しようとするため、成長が妨げられます。**自由な人生を手に入れるためには、失敗を恐れずにチャレンジしなければなりません**。もし、変化やチャレンジに躊躇しているなら、現状維持バイアスの罠にかかっているかもしれません。

もし、あなたが投資未経験者である場合、現状維持バイアスだけでなく、いろいろな心理的障壁を乗り越えないといけないでしょう。労働やお金に関する価値観なども変える必要があるかもしれません。**それらは、変えようと思ったら変えられるのです**。変えられるのは、あなたしかいません。「やればできる」と信じることです。

「そのようなことは、わたしには無理」と考えたり、そう口に出してしまったりすると、実際にそれは本当に「無理」なことになります。あなたの人生は、あなたが望む人生にすべきです。

モチベーショナルスピーカーのブライアン・トレーシーに『カエルを食べてしまえ！』（ダイアモン

ド社)という衝撃的なタイトルの本があります。本当に人生で重要なことは、おっくうで嫌なことです。「カエル」とは、あなたにとって最も難しく嫌なこと。しかし、重要なタスクであり、いまやらなければどんどん後回しになってしまうもののこと。

毎朝、一番に「カエル」を食べましょう。

さて、本書でわたしは、会社員がより豊かで自由な人生を手に入れるため、不労所得を不動産投資によってつくりましょうという提案をしました。

ロバート・キヨサキは、著書『金持ち父さん 貧乏父さん』で、不労所得をつくるべきだと述べています。彼は、不労所得をつくるのに、不動産投資がもっともふさわしいと考えています。わたしの周りにいる不動産投資家の多くは、始めたきっかけが『金持ち父さん 貧乏父さん』でした。わたしと同じ時期に不動産投資をはじめた友人の多くは、経済的な自由、時間的な自由、人間関係の自由を手にしています。

わたしは、2010年に不動産投資に出会い、2021年に会社員をFIREして、今では主に不動産収入で生活しています。不動産投資により、年収は会社員時代の3倍、金融資産として9桁を達成できました。近頃は、ささやかですが好きに時間を使える生活です。休日の混雑を避けての買い物や旅行も自由に楽しんでいます。

わたしは、不動産投資によって自分が望む人生を手に入れることができました。あなたにも、それはきっと可能なことなのです。

人生は、出会いと選択の積み重ねでできています。わたしの場合、1冊のお金に関する本との出会いが、人生を変えることになりました。それは、米国公認会計士の午堂登紀雄さんが書いた『お金の才能』（かんき出版）という本でした。お金のルールを知って不動産投資を始めるようになったのです。

わたしのように、本が人生を変えるきっかけになった人もいるでしょう。また、人との出会いから人生を変えたという人もいるでしょう。**人と出会い、よい書籍と出会い、経験を重ねてよりよい選択を積み重ねていけば、きっと道は開くと信じています。**

本編でも述べていますが、不動産投資をはじめるために何から手をつけていいかわからないなら、近隣の投資家が集まる勉強会に参加してはいかがでしょうか。

わたしも勉強会（大家さん学びの会®名古屋）を2023年4月に勉強会を立ち上げました。SNSなどでつながっていただけたら幸いです。勉強会はお試しでの参加もできます。

遠方の方は、Zoomでの相談も可能です。まずは、メールでお問い合わせいただくのも大歓迎です。Facebookでつながる場合には、ひと言「読者です」と入れていただけたら、フレンド登録させていただきます。

最後に、あなたの人生において、本書が不動産投資が新たな可能性を開くきっかけとなり、より良い未来を手に入れるための一助となることを願っております。

2023年4月　岡本 康

【勉強会】大家さん学びの会®名古屋ホームページ
https://ooyamanabi-nagoya.com/
【連絡先】https://pro.form-mailer.jp/fms/e7cba63d280943
【Facebook】https://www.facebook.com/Yasushi.Okamoto.BL

読者特典プレゼント

本書を読んでくださったみなさんに御礼を込めて、下記の特典をプレゼントします。一番下に明記してあるURLかQRコードから申し込みページにアクセスして、必要事項を登録したうえで、お申し込みください。

>> 1. 特別資料ダウンロード

●不動産業界の真実（データ解析）

Web上の物件情報を2年間収集蓄積したデータベースから、投資家が知っておくべきデータを作成しました。他では見ることができないデータとなっています。

●キャッシュフローシミュレーション_v1.00

物件情報からキャッシュフローを簡単に導き出すためのExcelシートです。これがないと、投資が始まりません。投資家必須のツールです。

>> 2. 特別オファー

●大家さん学びの会®名古屋の勉強会へ、無料招待

年に10回ほど開催する名古屋での勉強会に無料で招待します（1回限り）。

登録フォームURL

https://pro.form-mailer.jp/fms/f78312c0281011

登録フォームQRコード

岡本 康 Yasushi Okamoto

1965年生まれ、名古屋市出身。愛知大学法経学部卒。

ブルー・ソリューションズ株式会社代表取締役。

営業系の転職を4回経験。不動産投資を知り勉強を始め、2021年3月に会社員生活に終止符を打ちFIREを達成。

不動産の投資総額約10億円、FIRE時点での年間キャッシュフローは8桁、保有する不動産以外の金融資産は9桁達成。友人と不動産投資家のための優良物件選別システムを構築した。

優良物件選別システムは、日本初のAIを使った不動産投資に特化した情報解析システムで、Web上に公開されている数万件の不動産物件情報の中から希望するスペックの物件を抽出することができる。このシステムを使い不動産投資家に優良物件情報配信サービスを提供している。

現在は不動産資産管理会社と不動産情報解析サービス会社を経営。不動産投資で資産を築く投資家のためにノウハウを伝えて、FIREするためのサポートを行っている。

著書に『FIREできる不動産投資3つのルール』(standards)がある。

●不動産投資家のための日本初の投資用不動産物件情報配信サービス「RAISE」
https://www.raise.bluesolutions.jp/

[ブックデザイン] 植竹 裕(UeDESIGN)

[DTP制作] 西村光賢

[Special Thanks] 小山睦男(インプルーブ)

ゼロからはじめる不労所得のつくり方

働かずに楽しく生きるためのマインド、メソッド、スキル

2023年6月10日　初版第1刷発行

著者　岡本 康
編集人　河田周平
発行人　佐藤孔建
印刷所　中央精版印刷株式会社
発行　スタンダーズ・プレス株式会社
発売　スタンダーズ株式会社
〒160-0008
東京都新宿区四谷三栄町12-4　竹田ビル3F
営業部　Tel.03-6380-6132　Fax.03-6380-6136
https://www.standards.co.jp/